LA PHILOSOPHIE POLITIQUE À L'ÈRE DE LA SURVEILLANCE NUMÉRIQUE

Technologie, droits, contrôle, vie privée, école et démocratie.
Dérives du progrès acritique au crépuscule de l'Occident.

EMANUELE CERQUIGLINI

ISBN: 9798858159315

Texte recommandé par l'UniCampus HETG, de Genève.

édition française

www.studioloalchemico.com

À mon fils, Gabriele.

SOMMAIRE

Avant-propose...5
Introduction à la Philosophie Politique............................9
Politique et Morale selon Machiavel..............................16
De la Technique à la Technologie en passant par la Vie
Nue...20
Scepticisme Moral et Contrat Social...............................30
Crise de l'État, crise de l'Occident.................................37
L'école et l'aplatissement des esprits...............................49
La question des Droits de l'Homme dans le Biopouvoir..........61
Un avertissement sur les dérives idéologiques qui altèrent la
politique..70
Sur la Liberté...81
Synthèse historique de la Philosophie Politique...................95
Conclusion..181
Bibliographie et Sitographie...184
Notes..186
L'auteur...188

AVANT-PROPOS

Heidegger considérait comme troublante la transformation inévitable et radicale du monde en un dispositif techno-économique. Depuis 2020, à la manière foucaldienne - sur ce terrain de rencontre entre le pouvoir et la sphère de la vie - nous avons commencé à cohabiter avec sa transformation en un dispositif techno-sanitaire, qu'il n'est aujourd'hui pas possible de définir avec certitude comme une situation provisoire.

La technique, que certains, y compris dans le domaine philosophique, pensaient ne pas aliéner l'être humain, a cessé d'être un outil dès la Seconde Guerre mondiale. Elle, comme le proposait de manière critique Hegel, n'est plus le moyen, mais la fin ; elle est le sujet et non plus l'objet.

L'homme, comme le soutient Galimberti, n'est plus capable de prévoir les conséquences de ses actions. L'homme s'est perdu dans l'hyper-rationalisme dominant, il s'est réduit à agir et à opérer dans des dimensions atomiques de plus en plus petites qui l'ont certes conduit à des découvertes extraordinaires, mais qui subissent néanmoins le diktat du développement à tout prix, comme pour les nanotechnologies, se leurrant de pouvoir tout contrôler, mais sans savoir comment.

Dans cette fragmentation pneumatique et anti-holistique, le langage et, par conséquent, la pensée se réduisent.

La domination incontestée du développement masqué par le progrès, atténué par son évolution technologique et numérique naturelle, désormais parvenue à une expansion sans frontières qui a pris le nom d'intelligence artificielle (déjà dépassée par l'élan prométhéen habituel dans la recherche du biocomputer, pour arriver à l'OI : Organoid Intelligence, c'est-à-dire, à utiliser des cultures tridimensionnelles de cellules humaines obtenues en laboratoire pour les transformer, selon Thomas Hartung et son équipe, en matériel à utiliser dans les biocomputers comme des pièces physiques), exprime inévitablement cette volonté de puissance décrite par Nietzsche et que nous ne pouvons aujourd'hui analyser sans ressentir l'inquiétude inévitable d'un

Léviathan artificiel, mais capable de développer sa propre conscience, qui cannibaliserait tout au nom de son renforcement et de son développement pneumatique.

Sommes-nous sûrs que sans des frontières bien définies et sans des repères, l'homme sera encore capable de choisir ou de distinguer ce qui est juste de ce qui est faux ?

Quand ce n'est pas nous qui déterminons le choix, mais que quelqu'un nous dit que nous n'avons pas d'autre choix, nous nous sentons dépourvus de l'être, de l'autodétermination. À ce moment précis, nous sommes dans une situation plus pénible que celle décrite par Kierkegaard lorsqu'il critique le choix en le décrivant comme le drame de celui qui est contraint de prendre une décision sans critère. Cela implique d'être sous le flux de courants qui parfois nous emmènent très loin de là où nous voudrions être.

L'avenir offre des possibilités incroyables, mais le danger de pousser trop loin par rapport à nos capacités de contrôle et de remédiation est toujours imminent.

Pour Sénèque, le progrès était dans la volonté de progresser, et cette volonté a toujours été soutenue par l'humanité de génération en génération, jusqu'à ce que nous ayons augmenté la vitesse au point de la rendre une accélération qui n'a rien à envier aux chasseurs qui franchissent le mur du son. Nous avons atteint une vitesse qui a considérablement réduit les passages générationnels, où à quelques années d'intervalle, les jeunes semblent appartenir à des époques différentes, où même les liens, les relations humaines, la procréation et la sexualité subissent des mutations et des transformations mécanistes et artificielles qui relèvent de ce domaine biopolitique de la gestion du corps humain dans la société et en tant qu'espèce.

Nous accélérons tellement que nous risquons de mettre en danger le voyage, de créer des fissures dans les fondations de notre société, et c'est pourquoi il est maintenant nécessaire de surveiller les dangers et les dérives que l'acceptation acritique du progrès peut générer.

À ce jour, nous ne nous sommes pas encore vraiment préoccupés de la manière dont nous avons cherché et poussé le progrès uniquement à l'extérieur de l'homme, en termes matériels et jamais à l'intérieur, jamais d'un point de vue spirituel. Nous l'avons fait en privant la matière elle-même d'esprit.

Dans la recherche de la transformation humaine et de son renforcement, le postulat faux d'un théorème qui n'a cherché qu'à cacher comment l'homme a déjà été relégué à la dimension limitante d'un objet/machine biologique a prévalu.

L'homme, tel que nous le connaissons, est-il encore intéressé par les inclinaisons de la pensée et les choix politiques entrepris un peu partout dans ce qui reste de la société occidentale ? À quoi est-il destiné ? Où nous mènera la syndrome prométhéenne qui veut soumettre l'homme à la technique dans les ciseaux des idéologies étroitement liées au transhumanisme et au posthumanisme ?

À l'horizon, des scénarios menaçants encore peu débattus et presque inconnus de la plupart des êtres humains s'ouvrent.

L'homme, après s'être rebellé et avoir déclaré la guerre à la Nature, a commencé, sans s'en rendre compte, une bataille intra-corporelle et extra-corporelle contre lui-même, avec le risque inévitable qu'une victoire possible en ce sens cache, en réalité, la défaite la plus tragique.

"Les scientifiques agonisent, les cybernautes filent. Nous ne jugeons plus de tels développements technologiques de l'extérieur. Nous ne jugeons plus. Nous fonctionnons : machinés/machinants dans des orbites excentriques autour du technocosme. L'humanité disparaît comme un rêve répugnant"[1].

INTRODUCTION À LA PHILOSOPHIE POLITIQUE

La philosophie politique est un domaine d'étude qui s'attache radicalement à l'analyse et à l'examen des racines mêmes de la politique. Si nous considérons la politique comme une entité vivante, telle qu'un arbre fruitier, la philosophie politique nous fournit les outils pour plonger dans ses profondeurs, cherchant à descendre le plus bas possible. Cette approche est fondamentale car, bien que nous observions les fruits de la politique, l'analyse du fruit seul ne suffit pas pour évaluer sa qualité ou son manque de qualité. Il est essentiel de comprendre d'où l'arbre tire sa sève, c'est-à-dire d'examiner ses racines. Cette approche radicale, qui remonte aux origines, est également applicable à la politique car elle est intrinsèquement liée à l'histoire, à la tradition et à la culture d'un pays. La politique est toujours connectée à ce qui s'est passé dans le passé. La langue que nous parlons est un héritage que nous modifions chaque jour, mais de manière imperceptible. Nous vivons un mode de vie qui est en grande partie similaire à celui que nous avons hérité, bien qu'il subisse de légères modifications au quotidien. En réalité, nous ressemblons beaucoup aux générations précédentes, et plus nous nous éloignons d'elles, plus les choses changent. Par conséquent, pour comprendre pleinement la politique, il faut procéder avec prudence et suivre un chemin qui nous mène lentement aux origines, en commençant par l'Antiquité grecque et des philosophes comme Platon. Bien que le choix de commencer par ces origines soit arbitraire, il est nécessaire d'établir un point de départ. Ensuite, nous arriverons à l'époque moderne.

La philosophie politique est une discipline pratique, mais elle peut aussi être considérée comme une philosophie de l'action. Chaque individu a sa propre philosophie politique, qui peut être définie comme la manière dont il habite la cité, la manière dont il vit. Chacun de nous a sa propre vision et approche de la politique, qui n'est pas exactement la même que celle des autres avec lesquels nous sommes d'accord. Chacun a une manière personnelle de percevoir sa propre communauté, et cette perception influence notre comportement. Lorsque les conséquences de ces comportements se manifestent et s'étendent de la sphère individuelle à la sphère collective, par exemple au niveau de la copropriété, du quartier, de la ville et même du pays, l'ensemble de ces comportements a un impact significatif. Ces impacts se traduisent par des choix politiques faits par quelqu'un. Cela est particulièrement évident dans les démocraties, mais cela se produit également dans d'autres régimes politiques, bien que dans une mesure différente. La cité vit de la vie de ses citoyens et est influencée par la beauté, la vertu et les actions des citoyens eux-mêmes. Cependant, cela peut être à la fois positif et effrayant.

Si nous vivons dans une cité où les citoyens sont engagés à poursuivre le bien commun, en respectant les principes de justice, d'égalité et de solidarité, alors la cité prospérera et sera un lieu de coexistence harmonieuse. Cependant, si les citoyens sont motivés uniquement par leur intérêt personnel et agissent de manière égoïste, la cité risque d'être caractérisée par des conflits, des inégalités et des tensions sociales.

La philosophie politique nous invite à réfléchir sur notre rôle en tant que citoyens actifs et responsables. Chacun de nous a la possibilité de contribuer à la vie politique et au bien-être de la communauté dans laquelle nous vivons. Nos choix, nos actions et notre engagement ont un impact sur la réalité politique et sociale qui nous entoure.

De plus, la philosophie politique nous aide à comprendre que la politique ne concerne pas seulement les institutions et les dirigeants, mais aussi nous en tant qu'individus. Chacun de nous peut influencer le processus politique par une participation active, l'expression de ses opinions et l'engagement civique. La philosophie politique nous invite à considérer la politique comme un outil de transformation et d'amélioration de la société.

De même, il est important de noter que les philosophies politiques individuelles peuvent être différentes et conflictuelles. Les gens ont des opinions et des valeurs différentes, ce qui peut conduire à des divergences et des conflits politiques. La philosophie politique nous aide à comprendre et à aborder ces différences, en promouvant le dialogue, le respect mutuel et la recherche de solutions inclusives.

Au fil des siècles, la philosophie politique s'est imposée comme une discipline essentielle pour comprendre et réfléchir à l'action sociale et politique de l'humanité. Au cœur de cette discipline se trouve la question de la nature même de la politique, du sens de la coexistence humaine et des dynamiques qui se créent au sein des communautés. L'une des caractéristiques fondamentales de la philosophie politique est son caractère pratique, qui va au-delà des spéculations théoriques pour embrasser le monde réel et la vie quotidienne de chaque individu.

Chaque personne a sa propre philosophie politique, une manière personnelle de comprendre et de vivre la politique. Cette manière de penser et d'agir politiquement est influencée par notre perception de la communauté dans laquelle nous vivons, et cette dernière est à son tour façonnée par les actions et les vertus de ses citoyens. Par conséquent, les choix politiques qui sont faits sont le résultat des actions et des visions de chaque individu, qui s'étendent de la sphère personnelle à la sphère collective, influençant ainsi l'ensemble de la communauté.

Ce phénomène est particulièrement évident dans les démocraties, où les opinions et les comportements de chaque citoyen contribuent à la formation de la volonté collective et à la définition des politiques publiques. Cependant, même dans d'autres régimes politiques, bien que dans une mesure différente, l'action individuelle et la philosophie politique personnelle influencent le destin de la société dans son ensemble.

La cité, entendue comme lieu de coexistence et d'échange entre individus, est profondément influencée par la philosophie politique de ses citoyens. La beauté, la vertu et les actions de chaque individu se reflètent dans le tissu même de la cité, façonnant son caractère et déterminant son développement. Cependant, cette interaction entre l'individu et la communauté peut avoir des effets à la fois positifs et effrayants.

Si les actions des citoyens sont axées sur la recherche du bien commun, la vertu et la construction d'une communauté harmonieuse, les résultats seront bénéfiques pour l'ensemble de la communauté. En revanche, si l'action individuelle est dominée par l'égoïsme, le manque de responsabilité et le désintérêt pour le bien commun, les conséquences seront néfastes pour la cité et pour tous ses habitants.

La tension dans l'action sociale représente un concept philosophique crucial dans le domaine de la philosophie politique. Elle fait référence à la lutte constante entre ce que nous sommes et ce que nous souhaitons devenir au fil du temps. Cette tension se manifeste à la fois au niveau individuel et collectif, et implique un équilibre dynamique entre les aspirations individuelles et la réalité sociale. Les philosophes politiques ont consacré de nombreuses réflexions à ce concept, cherchant à comprendre comment la tension dans l'action sociale influence les dynamiques politiques et sociales.

Dans le contexte chaotique et complexe dans lequel nous vivons, la tension entre ce que nous sommes actuellement et ce que nous aimerions devenir a pris de plus en plus d'importance. Plusieurs auteurs ont interprété cette tension comme une forme politique, soulignant comment elle influence notre perception du pouvoir et du devoir envers la communauté.

Nous ne devons pas limiter la philosophie politique au domaine exclusif des gouvernants, des législateurs ou des figures de pouvoir. Au contraire, elle s'étend à nous tous, dans nos expériences quotidiennes et dans la manière dont nous percevons et interagissons avec le monde qui nous entoure. La philosophie politique concerne la manière dont nous montrons la réalité et comment celle-ci est acceptée ou rejetée par les autres. Elle concerne également la manière dont nous travaillons, interagissons avec les autres et vivons au sein de notre communauté.

L'action dans la tension est une philosophie pratique qui nécessite une réflexion continue sur notre rôle en tant que citoyens. Il ne s'agit pas seulement d'observer et d'analyser le contexte politique, mais d'agir de manière consciente, responsable et éthique. Par une participation active, nous sommes appelés à façonner notre communauté et à contribuer au bien commun.

La tension dans l'action sociale peut être vue comme une incitation à l'amélioration personnelle et collective. Lorsque nous nous engageons à vivre en harmonie avec notre communauté, à poursuivre le bien commun et à développer des vertus sociales, nous obtenons un avantage non seulement matériel, mais aussi spirituel. Le dévouement au bien commun nous offre une profonde satisfaction intérieure et nous permet de vivre une vie pleine de sens et d'épanouissement.

Ce cours sur la philosophie politique vise précisément à transmettre l'importance d'une participation active à la vie citoyenne. Grâce à la connaissance et à la compréhension des principes philosophiques qui régissent l'action sociale, nous sommes en mesure de développer une conscience critique et de contribuer au progrès et au bien-être de notre société.

En conclusion, la tension dans l'action sociale est un concept fondamental au sein de la philosophie politique. Elle reflète la lutte constante entre ce que nous sommes et ce que nous souhaitons devenir, et influence la manière dont nous percevons et agissons dans le contexte politique et social. Par une participation active et responsable, nous pouvons contribuer à la construction d'une société meilleure, où prédominent le bien-être collectif et l'épanouissement individuel.

Pour ceux qui abordent pour la première fois la philosophie politique à l'ère moderne, il est essentiel de commencer par la pensée politique entre le XVIIe et le XVIIIe siècle, en commençant par Thomas Hobbes : le fondateur du naturalisme moderne et de l'idée que les droits doivent découler du droit naturel, basé sur la raison humaine. De cette conception de Thomas Hobbes découle la nécessité que l'État naisse d'un contrat et l'idée que l'État n'est pas un fait naturel inhérent à l'être humain, mais une construction artificielle résultant d'un contrat entre individus.

Ce contrat, déterminé par la raison, pousse les individus à quitter l'état de nature afin de surmonter les risques inhérents à celle-ci, car chacun a un droit sur tout, mettant ainsi tout le monde en danger. Cette sortie de l'état de nature implique la cession de tous les droits à une entité extérieure, un souverain externe, et donc l'absolutisme doit émerger comme la forme politique qui garantit le mieux les droits individuels.

Un autre contractualiste est John Locke, mais il arrive à des conclusions différentes de celles de Hobbes. Locke est en effet le théoricien de l'État libéral : dans l'état de nature, nous n'avons des droits que sur les biens que nous possédons, tels que la propriété privée, notre corps, notre vie et notre liberté. La défense des droits découle de l'État libéral. Un État libéral est celui où le pouvoir doit être basé sur le consentement, et il existe donc également le droit de résister à l'État lorsqu'il devient oppressif. De plus, l'État libéral doit garantir la tolérance religieuse, car l'intolérance religieuse est l'une des causes de conflits au sein de la société. Montesquieu est également un penseur libéral et est le plus grand théoricien de la séparation des pouvoirs : exécutif, législatif et judiciaire. Kant, quant à lui, non seulement définit davantage le concept d'État de droit, considéré comme le fait que l'État ne devrait pas avoir un rôle prédominant et ne devrait pas guider la communauté dans aucune direction, mais devrait se limiter à fournir des règles, des lois et des administrations qui permettent à chaque individu de vivre selon ses propres fins. L'État devrait fournir un cadre de certitude juridique au sein duquel tous peuvent opérer équitablement. La contribution la plus importante de Kant est l'idée de la nécessité de construire un ordre cosmopolite, une fédération d'États qui permet de dépasser les conflits et les guerres, conduisant à la pacification entre les États. Kant exprime ces idées dans son œuvre "Paix perpétuelle". L'objectif n'est pas de surmonter un seul conflit, mais tous les conflits, et pour y parvenir, il est nécessaire de dépasser l'état de nature qui existe entre les États individuels et d'arriver à un contrat entre les États eux-mêmes.

Enfin, parmi les partisans du contractualisme, il y a aussi Jean-Jacques Rousseau, mais il se distingue par son hostilité à la fois à l'idée de céder tous les droits au souverain et à la conclusion atteinte par Locke. Selon Rousseau, il est nécessaire de construire un nouveau contrat, défini comme un contrat social, qui peut garantir une véritable égalité. Selon lui, en effet, l'État libéral génère des inégalités et les préserve. Ce contrat social doit être

13

fondé sur deux points principaux. Le premier concerne l'idée de souveraineté populaire, c'est-à-dire que la communauté entière est souveraine sur elle-même et qu'il y a une égalité des droits politiques dans tous les contextes. Le deuxième point est que la communauté doit être guidée par la volonté générale, ou plutôt, au sein de la communauté, il existe une volonté générale qui doit prévaloir, mettant l'intérêt public au-dessus des intérêts privés individuels. Puisque cette volonté est unique, il est également nécessaire de rejeter la division libérale des pouvoirs.

Dans le dernier chapitre du livre, je synthétise l'histoire de la philosophie politique depuis ses débuts jusqu'à nos jours.

POLITIQUE ET MORALE SELON MACHIAVEL

Machiavel soutient que les lois morales diffèrent des lois politiques. Les lois politiques proviennent d'enseignements religieux, philosophiques et théologiques supérieurs, mais ne sont pas pertinentes pour la politique. Cette distinction était très claire grâce à la clarté conceptuelle de Machiavel. Au final, Machiavel découvre que la politique est nécessaire et indépendante de la morale ; cela ne signifie pas que la politique est immorale, mais, comme le précise Benedetto Croce, la politique doit être considérée comme distincte de la morale. Nous devons prendre en compte la situation actuelle si nous voulons respecter les lois politiques. Dans le quinzième chapitre du Prince, Machiavel rejette les idées idéologiques et utopiques de la politique elle-même et montre comment le prince agit concrètement.

Bien qu'il soit facile d'imaginer des nations et des républiques idéales, elles n'existent pas en réalité. Puisqu'il faut suivre l'être plutôt qu'imaginer le devoir être, nous devons rester fidèles à la réalité. Machiavel découvre l'essence de la politique, opposée à la doctrine du devoir être, en esquissant une pensée politique qui lui a valu des accusations d'immoralité, d'où la célèbre maxime selon laquelle la fin justifie les moyens. Selon l'interprétation d'Alessandro Manzoni, qui au XIXe siècle a commencé une approche pas tout à fait correcte de la pensée politique de Machiavel, tout aurait été vu en termes d'utilité lorsque Machiavel avait proposé la dimension de l'utile.

Bien que Machiavel ne dise pas que le prince est mauvais, il dit qu'il doit être capable d'agir en tant que tel. En d'autres termes, le prince a la capacité de choisir d'utiliser à la fois la méchanceté et la bonté selon la situation. Manzoni aurait pu être confus par le terme "selon la nécessité". Un mauvais prince est nécessaire ; s'il est bon, c'est par nécessité. Parce que les hommes ne sont pas

15

bons, mais sont tristes, comme les appelle Machiavel, c'est-à-dire malveillants en italien, le prince est parfois contraint d'être méchant par nécessité. En réalité, Machiavel donne une première leçon dramatique sur la nature humaine, affirmant que les hommes sont méchants ; cela conduit à son célèbre pessimisme anthropologique. Chaque ligne de pensée ultérieure de Machiavel serait basée sur ce pessimisme anthropologique. En d'autres termes, Machiavel est pessimiste quant à la nature humaine, soutenant que l'homme n'est pas fondamentalement bon. Par exemple, la Mandragola présente une anthropologie pessimiste qui reflète l'idée que l'humanité est encline au mal. Par conséquent, l'homme est naturellement malveillant. En ce sens, Machiavel s'aligne avec Luther et Hobbes, les pessimistes les plus courants et destinés à avoir un certain poids à l'ère moderne, jusqu'à ce que Corso renverse cette perspective pessimiste.

Machiavel pense que l'homme est enclin au vice parce qu'il a la nature du mal. Par conséquent, Luther, en tant que moine, voit dans la grâce divine le remède à la méchanceté naturelle. En conséquence, il a reconnu l'importance de l'élan de la foi et a développé la célèbre théorie du salut par la foi. Au contraire, Machiavel, qui est laïc, crée un chemin que Hobbes suit également. C'est-à-dire que le mal et la tendance fondamentale des hommes se transforment ensuite en une explosion plus complète de l'égoïsme.

Le prince, et non la grâce, est le remède. Il faut supposer un pouvoir supérieur, non divin, mais naturel, capable de contenir le mal. Par conséquent, l'utilisation de la force par le prince est justifiée car le mal qu'il peut faire est fait pour éviter un plus grand mal. En conséquence, le mal que le prince est toujours contraint de commettre est toujours lié à la création et au maintien de l'État. Une fonction exceptionnelle qui, selon Machiavel, dépasse l'importance de la prévalence de l'égoïsme et crée les conditions d'une vie paisible et ordonnée.

Le chapitre XVII du Prince montre l'anthropologie pessimiste de Machiavel, où il parle peu bien des hommes : malhonnêtes, instables, dissimulateurs et profitables. Par conséquent, la peur est le seul moyen de surmonter cette insuffisance. C'est une perspective complètement dramatique de la vie, qui suggère que la répression est nécessaire pour atteindre le bien. Les esprits faibles auraient pu donner raison à Machiavel lorsque, pendant les années pandémiques, tous les citoyens qui utilisaient la pensée critique pour ne pas accepter les coercitions gouvernementales basées sur des principes a-scientifiques et scientifiques étaient qualifiés d'irresponsables, alors qu'ils auraient dû rapprocher sa pensée de nos jours, fournissant d'autres exemples où l'État aurait dû utiliser une main lourde, comme peut-être en ce qui concerne la corruption de plus en plus répandue et si étendue qu'elle renie même les principes éthiques et moraux, les serments de certains citoyens comme dans le cas du serment d'Hippocrate que trop de médecins ont oublié, peut-être parce qu'ils étaient menacés et donc contraints de se conformer entre eux, formant une phalange d'exécutants aveugles des directives inutiles et criminelles imposées d'en haut et causant des dizaines de milliers de morts, tandis qu'une minorité de leurs collègues, même suspendus, continuait à critiquer les directives et à soigner en science et en conscience, sauvant des milliers de vies.

Revenant à Machiavel et à son concept de violence, bien synthétisé par Eugenio Garin, nous pouvons comprendre que la violence de Machiavel est étroitement liée aux exigences difficiles de la ville réelle. Cependant, en quel sens se réfère-t-il à cette expression qui fait référence à Saint Augustin ? Machiavel a éliminé la cité céleste augustine de la scène et, en tant qu'homme de la Renaissance contemporaine, se déplace dans la cité terrestre, qui nécessite des engagements rigoureux si l'on veut éliminer les égoïsmes individuels. Pour atteindre cet objectif, il est nécessaire d'utiliser une force coercitive supérieure, qui est représentée par l'État, fondé sur le prince. Le prince ne peut pas se comporter de la même manière qu'un individu le ferait dans la vie privée ; il doit adopter une nouvelle morale, connue sous le nom de "raison d'État", par ceux qui, à la fin du XVIe siècle, continueront à soutenir la pensée politique de Machiavel. Puisque le prince est tenu de prendre en compte la raison d'État, s'il est inspiré par la morale privée, il commet déjà une erreur. Dans une citation, Antonio Gargano a ironiquement déclaré que, bien qu'il soit possible de respecter le principe de "tendre l'autre joue" dans la vie privée, il n'est pas possible de respecter les joues des autres dans la vie publique. Pour être efficace et un bon dirigeant, un prince doit parfois se comporter d'une manière qui n'est pas conforme à la morale personnelle. En fait, il y a deux aspects : les lois de la morale et le comportement individuel. L'autre est la façon dont un dirigeant devrait se comporter, en raison de sa responsabilité envers la communauté et de la possibilité de devoir prendre des mesures négatives pour atteindre un objectif supérieur. Puisque Machiavel ne soutient pas la possibilité d'agir mal pour des raisons personnelles, comme le font certains politiciens contemporains, sa pensée ne peut pas être simplement réduite au concept de "la fin justifie les moyens". Ceci est clair dans toutes ses œuvres, y compris le Prince. En substance, Machiavel affirme qu'agir en violation des normes morales n'est permis que si cela est fait pour un objectif supérieur. Par conséquent, il est évident que les pensées de Machiavel doivent être insérées et contextualisées dans le processus de création et de maintien de l'État. L'État, selon Machiavel, est la valeur suprême qui garantit la sécurité, la paix, la légalité et le développement civil ordonné. En tant qu'homme du Risorgimento, De Sanctis reprend ce point avec force : Le machiavélisme est une philosophie substantielle qui considère l'homme comme un être autonome et capable de subvenir à ses propres besoins, avec ses propres fins et moyens dans la nature, ainsi que les lois de son développement, grandeur et décadence, en tant qu'individu et société. Le contenu de l'histoire, de la politique et de toutes les autres sciences sociales en découle. De Sanctis affirme que le machiavélisme, qui reflète les transformations du Moyen Âge, montre un monde intentionnel qui peut être vu à travers les interactions et les hésitations de l'homme. Ce monde est basé sur la patrie, la nationalité, la liberté, l'égalité, le travail, la vérité et la gravité de l'homme. De Sanctis a identifié ces principes dans le Prince et dans la pensée politique de Machiavel. La valeur de la "sonorité" suggère que chaque peuple peut avoir sa propre nation, mais le principe de nationalité de Machiavel n'a rien à voir avec le nationalisme, qui est une dégénérescence du principe de nationalité et implique la fausse et dangereuse prétention qu'une nation doit prévaloir sur une autre.

DE LA TECHNIQUE À LA TECHNOLOGIE EN PASSANT PAR LA VIE NUE

Le passage de la technique à la technologie peut être philosophiquement décrit comme une transformation ayant conduit à la création d'un nouveau type de relation entre l'homme et la technologie. La technique, entendue comme l'ensemble des connaissances et outils utilisés pour produire des objets ou réaliser des activités spécifiques, a des racines anciennes et s'est développée progressivement au fil de l'histoire humaine. La technologie, en revanche, peut être considérée comme une forme avancée de technique, impliquant la production d'objets complexes et sophistiqués et l'utilisation d'outils électroniques, numériques et informatiques. La technologie a donc une portée plus large et globale que la technique, car elle implique une vision plus systémique et intégrée du monde, où les innovations technologiques sont étroitement liées les unes aux autres et à la société et à la culture dans lesquelles elles sont intégrées.

D'un point de vue philosophique, le passage de la technique à la technologie a suscité de nombreuses réflexions et critiques, tant sur la nature de l'homme et de la technologie elle-même que sur les implications éthiques et sociales de son développement. Ces spéculations ont montré comment la technologie a éloigné l'homme de la nature et de son environnement, appauvrissant notre relation avec la réalité. D'autres ont souligné l'importance de la technologie comme outil pour améliorer la qualité de vie humaine et résoudre les problèmes mondiaux, tels que la crise environnementale et l'insécurité alimentaire.

De plus, le passage de la technique à la technologie a donné naissance à de nouvelles théories et conceptions philosophiques, comme celle de la cyberculture, qui a révolutionné notre façon de concevoir la communication, l'information et la culture. La cyberculture a engendré de nouvelles formes de créativité et d'expression artistique, mais a également suscité des préoccupations concernant la vie privée, la sécurité et la manipulation de l'information.

Dans l'introduction de son livre "La Megamachine", Serge Latouche, philosophe et économiste français, souligne comment les êtres humains peuvent devenir des pièces interchangeables de leurs créations jusqu'à en devenir esclaves. Comme le souligne également Enrica Perucchietti dans son livre "Cyberhomme", "un défi technologique pourrait devenir un défi pour la survie".

Les technologies représentent l'un des phénomènes les plus importants et significatifs de la société, influençant la vie quotidienne et entraînant des changements dans de nombreux secteurs tels que l'économie, la politique, la religion et la culture. La relation entre technologie et société est réciproque, et la technologie est devenue une institution sociale à part entière, aux côtés de la science. L'étymologie du terme technologie a mis en évidence les différences entre technologie et technique, traçant son évolution au fil des siècles. Le rôle de la technologie dans la société et son impact sur l'être humain, à travers une vision philosophique, a impliqué de nombreux chercheurs, dont ceux de l'École de Francfort, Marx, Habermas, Severino et Galimberti.

En se concentrant sur la relation entre technologie et société, en accordant une attention particulière à l'aspect politique et au concept de "technocratie", il est évident que la technologie est devenue un sujet controversé au XXe siècle. En effet, à travers son développement incessant, elle est devenue principalement un mécanisme pour atteindre des objectifs de contrôle de plus en plus précis et invasifs, invisibles à l'horizon perceptible du commun des mortels. Il est indéniable que la technologie influence tous les aspects de la vie humaine. Si la machine à laver a été d'une grande aide pour libérer les bras humains de la fatigue et augmenter le temps pour d'autres activités, des modèles technologiques de contrôle comme le système de crédit social mis en œuvre dans certaines régions de Chine montrent comment la libération peut facilement se transformer en nouvelles formes d'esclavage si l'on ne se conforme pas à l'image que d'autres (au pouvoir) ont de nous.

Avec la technique, la sacralité n'a jamais été remise en question, contrairement à la domination technologique, qui a remodelé les religions occidentales face à la menace d'une nouvelle divinité scientiste, un Léviathan que nous avons vu, au début des années 20 du XXIe siècle, si puissant qu'il a pu remplacer l'eau bénite et l'hostie par une thérapie génique expérimentale présentée comme un vaccin et imposée par le mensonge et la menace.

Le concept de "vie nue" fait référence à une forme particulière de vie humaine caractérisée par la possibilité d'être tué et par l'absence de sacralité, comme c'est le cas pour l'Homo sacer. Cette vie humaine est considérée uniquement en termes d'exclusion et de sacrifice absolu jusqu'à la mort, car le sujet qui en est porteur est déjà mort. Une vie dépourvue de droits civils et religieux. La "vie nue" est le résultat de la violence souveraine, qui dans la société moderne s'est éloignée de l'idéologie du sacrifice, mais qui reste liée au concept d'Homo sacer.

Le philosophe allemand Walter Benjamin a été le premier à introduire le concept de "vie nue" et a souligné l'importance de la critique de la violence et de sa relation avec le droit et la justice.

Michel Foucault, père fondateur du biopouvoir, examine l'introduction de la vie biologique dans la sphère du pouvoir de la polis, à la suite du développement des disciplines corporelles et de la régulation de la population. La vie animale de l'homme devient ainsi le sujet de la politique, à travers des techniques politiques des plus sophistiquées, dans une sorte d'"animalisation de l'homme".

Michel Foucault a employé le concept d'"animalisation de l'homme" pour décrire comment les pouvoirs disciplinaires de la société moderne, tels que l'éducation, le travail et l'organisation sociale, ont transformé l'essence humaine en une entité assimilable à celle des animaux.

Selon Foucault, les systèmes de pouvoir modernes ont réussi à discipliner et à contrôler l'essence humaine grâce à l'utilisation de techniques de surveillance et de contrôle, entraînant un processus d'"animalisation de l'homme". Cette "animalisation" se manifeste par la perte de la liberté individuelle, la soumission aux règles et aux normes sociales, la réduction de l'être humain à un corps à discipliner et à contrôler, et la création d'une culture de conformité et d'uniformité.

Foucault a pris l'exemple de l'école comme institution ayant contribué à l'"animalisation de l'homme", affirmant que les écoles ont transformé les individus en "cerveaux éduqués", privés de leur capacité à penser de manière autonome et à élaborer leurs propres idées.

Dans les premières pages de "La Condition Humaine", Hannah Arendt introduit le mécanisme "exceptionnel" de la politique occidentale, qui constitue le cœur des réflexions d'Agamben. Arendt approfondit l'idée d'une tripartition de la condition humaine, qui forme le schéma constant de la dualité de la vie humaine dans les recherches d'Agamben. Foucault, dans son travail sur l'histoire de la sexualité, soutient que l'introduction de la bíos dans la sphère de la pólis représente l'événement décisif de la modernité. Cependant, Agamben identifie une origine alternative de l'influence du biopouvoir, résultant de la convergence entre un modèle juridico-institutionnel et le modèle biopolitique du pouvoir. Agamben développe la notion de "vie nue" à travers la distinction entre zoé (vie naturelle) et bíos (une forme particulière de vie) dans la pensée de la Grèce antique. Dans la société classique, le mot "vie" était exprimé par deux termes distincts mais reliés à une origine commune : zoé, qui désignait la simple coexistence avec tous les êtres vivants, et bíos, qui désignait le mode de vie propre à un individu ou à un groupe.

Le philosophe Aristote distingue entre la vie publique et la vie privée. La vie publique, ou bíos, concerne la polis et se réfère au bonheur de l'homme, entendu au sens le plus large du terme. La vie privée, en revanche, est une simple vie naturelle, ou zoé, orientée vers le privé et la survie de ses membres. Aristote distingue également trois types de vie : la vie contemplative du philosophe, la vie de plaisir et la vie politique. La politique humaine diffère de celle des autres êtres vivants car elle repose sur le langage et sur une communauté du bien et du mal, du juste et de l'injuste.

Selon Foucault, l'entrée de la vie dans la sphère de la pólis marque l'événement décisif de la modernité et signifie une transformation radicale de la pensée classique. La vie biologique et la santé de la nation deviennent des enjeux du pouvoir souverain, qui se transforme en un "gouvernement des hommes". Arendt, dans

"Vita Activa", analyse le processus par lequel l'homo laborans et sa vie biologique occupent progressivement le centre de la scène politique moderne. Ce primat de la vie naturelle sur l'action politique, selon l'auteure, remonte à la décadence de l'espace public dans les sociétés modernes.

Agamben, quant à lui, affirme que la politique moderne est biopolitique et que la production d'un corps biopolitique est la réalisation originelle du pouvoir souverain. L'homme sépare et oppose à lui-même sa propre vie nue, c'est-à-dire la vie tuable et non sacrificable de l'homme sacré. Agamben s'appuie sur la distinction entre zoé et bíos de l'antiquité grecque pour analyser la notion de vie nue et identifie une origine alternative à l'entrée de la bios dans la sphère du pouvoir. Dans l'antiquité grecque, la distinction entre zoé et bíos était un concept important dans la philosophie et la culture grecque.

Zoé (ζωή) désignait la vie biologique, l'existence en tant qu'animal. C'était la dimension de la vie partagée avec toutes les autres créatures vivantes, une vie qui se limitait à la survie physique, à l'alimentation, à la reproduction et à la mort. C'était la vie que les dieux avaient en commun avec les hommes et les animaux. Dans cette dimension, l'homme était considéré comme un simple être vivant, dépourvu de dignité et voué à la mort.

Bíos (βίος), en revanche, désignait la vie humaine, la vie en tant qu'expérience humaine, sociale et politique. C'était la dimension de la vie humaine qui dépassait la simple survie et englobait le domaine des relations, du travail, de la culture, de la politique et de la spiritualité. Dans cette dimension, l'homme acquérait une dignité et une valeur, et sa vie était considérée comme un bien précieux à préserver et à cultiver.

La distinction entre zoé et bíos était une notion importante dans la culture grecque antique, en particulier dans la philosophie et la littérature. Cette distinction faisait référence à la différence entre la vie biologique et la vie politique ou sociale.

Zoé, en grec ancien, se rapportait à la vie biologique ou naturelle, et faisait référence à la vie que les êtres vivants partageaient avec les animaux. Cette forme de vie est caractérisée par la capacité de respirer, de manger, de se reproduire et de survivre, mais n'est pas associée à la liberté, à l'autonomie ou à la dignité humaine.

D'un autre côté, bíos se rapporte à la vie politique ou sociale de l'être humain, et fait référence à la capacité de l'individu de participer à la vie de la communauté et d'agir conformément aux normes et aux lois sociales. Cette forme de vie est caractérisée par la liberté, l'autonomie et la dignité humaine, et représente une aspiration plus élevée que la simple survie biologique.

La distinction entre zoé et bíos était importante dans la culture grecque car elle reflétait la préoccupation concernant la nature de l'être humain et sa place dans la société. Cette distinction a influencé la philosophie grecque, en particulier la philosophie d'Aristote, qui a utilisé la distinction entre zoé et bíos pour décrire la différence entre la vie végétative, animale et humaine.

De plus, la distinction entre zoé et bíos a également été utilisée dans la littérature grecque, en particulier dans les œuvres de Platon et d'Euripide, qui ont utilisé cette distinction pour explorer le rôle de l'individu dans la société et sa relation avec la nature.

Agamben part du concept d'Homo sacer, défini comme celui qui peut être tué sans que cela constitue un crime, mais qui en même temps ne peut être sacrifié. L'Homo sacer est donc exclu du droit humain comme divin et est exposé à la violence. Agamben soutient que la vie nue, c'est-à-dire la vie qui peut être tuée mais non sacrifiée, est la prestation originelle de la souveraineté. La vie devient sacrée lorsqu'elle est exclue du droit et de la justice, et la violence devient partie intégrante du droit lui-même.

Agamben identifie la figure de l'Homo sacer comme la représentation originelle de la vie prise dans l'interdit souverain. Le pouvoir souverain crée un corps biopolitique composé d'homines sacri, qui sont à la fois sacrés et maudits. L'Homo sacer est donc celui par rapport auquel tous les hommes agissent comme souverains, tandis que le souverain est celui par rapport auquel tous les hommes sont potentiellement des homines sacri.

Selon sa théorie, l'Homo Sacer était une figure présente dans le droit romain ancien, et était un individu qui avait été exclu de la société et privé de tous les droits juridiques.

L'Homo Sacer n'était pas considéré comme un citoyen et n'avait pas droit à la protection juridique, mais en même temps, il ne pouvait être tué sans conséquences légales, car sa vie était considérée comme sacrée. Ainsi, l'Homo Sacer représentait une figure ambigüe, où la vie était exclue de la société, mais en même temps était maintenue en vie par l'interdiction de la tuer.

Selon Agamben, l'Homo Sacer représentait une forme de vie prise dans l'interdit souverain, où la vie était exclue de la norme juridique et privée de toute protection légale. Cette forme de vie "sacrée" représentait la limite extrême de l'oppression et de la violence du pouvoir souverain sur la vie, et constituait la base pour comprendre le concept de "vie nue" qu'Agamben développe dans sa théorie.

Le rapport entre l'Homo sacer et le souverain est un rapport de réciprocité, où le souverain devient sacré grâce au pouvoir qu'il exerce sur l'Homo sacer. Pour Agamben, le camp d'extermination représente l'espace où la sacralité de la vie humaine se manifeste, et c'est l'endroit où la vie nue est déportée. La vie devient donc de plus en plus sacrée, et la règle de l'exception devient la norme.

Dans "Homo Sacer", l'auteur montre que la production de la vie nue est la prestation la plus essentielle et originelle du pouvoir souverain. L'exclusion inclusive de la vie nue des affaires de la polis constitue la relation politique originelle. Pour comprendre la logique de la souveraineté, il faut garder à l'esprit que lorsque l'on parle de pouvoir souverain, on ne fait pas référence à une entité mais à une pratique qui donne du sens et génère une polarité entre le droit et l'être vivant soumis à l'ordre juridique. Ainsi, l'auteur affirme que la prestation originelle du pouvoir souverain est la production d'un corps biopolitique, appelé vie nue. En conclusion, la vie nue représente l'élément politique originel, et le fondement du pouvoir politique est la nature de cette vie tuable qui se politise à travers sa propre tuabilité. Dans la seconde partie de l'œuvre, on peut tirer certaines conclusions sur la vie de l'Homo sacer. Si la décision souveraine à la base de la communauté politique concerne immédiatement la vie des citoyens, alors la vie apparaît comme l'élément politique originel, le "Urphänomenon" de la politique. Cependant, cette vie n'est pas simplement la vie naturelle ou qualifiée, mais c'est la vie nue de l'Homo sacer.

Le concept de sacratio, dérivé du mot latin "sacer" signifiant séparation du profane, provient de la combinaison de deux traits fondamentaux de la vie nue : l'impunité du meurtre et l'exclusion du sacrifice. Dans le cas de l'Homo sacer, la personne est simplement placée en dehors de la juridiction humaine sans entrer dans celle du divin. La licéité du meurtre implique que la violence perpétrée sur l'Homo sacer ne constitue pas un sacrilège, contrairement au res sacrae. La sacratio présente une double exception tant dans le domaine religieux que profane. L'Homo sacer représente la figure du droit romain archaïque où la vie humaine est incluse dans l'ordre par son exclusion, c'est-à-dire sa tuabilité absolue. Cette caractéristique distinctive de l'Homo sacer est représentée par sa double exclusion et la violence subie. Cette violence, cependant, n'est classifiable ni comme meurtre ni comme exécution d'une condamnation ou sacrilège. La violence ouvre une sphère limite de l'action humaine, c'est-à-dire la sphère de la décision souveraine, qui n'existe que comme exception. Le concept de biopolitique proposé par Foucault, où l'inclusion de la vie biologique dans la sphère du pouvoir est fondamentale, est modifié. Dans la politique moderne, la vie nue, initialement située en marge de l'ordre, coïncide de plus en plus avec l'espace politique. La vie nue du citoyen devient le nouveau corps biopolitique de l'humanité. Ceci est étroitement lié aux réflexions faites sur le sujet, sur les volontés humaines individuelles par rapport au groupe auquel il appartient, c'est-à-dire la communauté. La conscience commune, qui représente la conscience de l'action pour les fins de la vie individuelle, caractérise le sujet, inclus dans la double exclusivité. La formation de la conscience réelle constitue le véritable acte de vie[9] du sujet. Le souverain et l'Homo sacer sont des figures symétriques qui représentent les deux limites extrêmes de l'ordre et sont séparées mais liées entre elles. Le souverain représente celui qui parvient à être respecté par ses subordonnés, tandis que tous sont potentiellement des hommes sacrés, c'est-à-dire tuables. Les deux figures se distinguent du droit humain et divin, de l'ordre naturel et juridique. La sacralité représente la forme originelle de l'inclusion de la vie nue dans l'ordre juridico-politique, où l'Homo sacer représente la vie qui, dans l'exclusion inclusive, devient la victime de la décision souveraine.

"Sacer esto" n'est pas une formule de malédiction religieuse, mais la formation politique originelle de l'imposition du lien souverain. La faute n'est pas le résultat d'une infraction ou d'une violation d'une norme entraînant une sanction, mais représente l'exception originelle dans laquelle la vie humaine, exposée à une tuabilité inconditionnelle, est incluse dans l'ordre politique.

La vie sacrée représente la zone d'indistinction où le bíos politique et la zoé naturelle s'impliquent et s'excluent mutuellement, finissant par se constituer réciproquement. Dans le lien souverain, la vie sacrée trouve son origine sous la forme d'une dissolution (exception) où ce qui est capturé est en même temps exclu, et la vie humaine ne se politise qu'à travers l'abandon à un pouvoir inconditionné de mort.

L'État ne trouve pas son origine dans un lien social, mais dans son lien souverain qui, en réalité, n'est qu'une dissolution : ce que cette dissolution produit est la vie nue, c'est-à-dire l'élément politique originel de la souveraineté.

Aujourd'hui, le principe de sacralité de la vie s'est complètement émancipé de l'idéologie sacrificielle et le sens du terme "sacré" dans notre culture continue l'histoire sémantique de l'Homo sacer et non celle du sacrifice.

Selon Agamben, ce que nous observons aujourd'hui est une vie exposée à une violence sans précédent, dans ses formes les plus "profanes et banales". En retraçant la relation entre la vie nue et le pouvoir souverain, de l'ancienne Grèce aux camps de concentration, l'auteur d'Homo sacer tente de déchiffrer les énigmes des grandes catastrophes que notre siècle a proposées à la raison historique, en premier lieu le nazisme et le fascisme.

Cependant, le cas de la Shoah ne peut être inséré dans un contexte sacrificiel, car les juifs, pendant la période nazi-fasciste, représentaient les référents négatifs privilégiés de la nouvelle souveraineté biopolitique et, en tant que tels, un cas exemplaire d'Homo sacer : leur vie était tuable et non sacrificable, tant dans la sphère du droit que dans celle de la religion. L'extermination, donc, n'est pas un sacrifice, mais seulement la mise en œuvre de la violence souveraine à l'égard de ces vies tuables, dans ce contexte historique donné.

Il aurait certainement été consolant de pouvoir définir incorrect de rapprocher la situation actuelle concernant la diffusion du "vaccin" pendant la pandémie à une violence souveraine à l'égard des vies humaines, partant du postulat que la vaccination, bien qu'elle puisse causer des réactions indésirables chez certains individus, est un moyen de protéger la santé publique et de prévenir la propagation du virus, mais étant largement démontré que dans ce cas elle a été pratiquement un échec tant dans la protection que dans les dommages conséquents infligés à tant de citoyens contraints de la recevoir, je n'exclus pas que, une fois le sommeil de la raison dépassé ou peut-être dans un futur quantique d'un monde parallèle, quelqu'un ait le courage de définir enfin les événements récents comme une violence souveraine à l'égard des vies humaines.

De la même manière, nous pourrions considérer la Première Guerre mondiale comme un contexte historique de tuabilité illimitée.

SCEPTICISME MORAL ET CONTRAT SOCIAL

L'éthique morale est capable de distinguer ce que les individus considèrent comme des comportements moraux de ce qu'ils jugent immoraux. Un individu éthico-moral peut se positionner par rapport aux normes morales, tout comme les anthropologues et les sociologues peuvent le faire par rapport aux normes en vigueur dans la société qu'ils étudient. Cet individu peut décrire les normes morales sans se sentir contraint de les suivre. Cependant, le fait qu'un individu éthico-moral ne suive pas ces normes ne signifie pas que tout le monde doit les accepter. À l'instar de l'épistémologie, qui cherche à justifier la possibilité de la connaissance en s'opposant au scepticisme, l'éthique morale cherche à légitimer les théories morales en les confrontant à des critiques extérieures. Il n'est pas nécessaire que l'éthique morale ait un représentant spécifique, bien que beaucoup s'identifient implicitement ou explicitement à la morale. Ce soutien n'a pas besoin d'être exprimé systématiquement comme une réflexion philosophique, mais peut également être présenté dans des œuvres littéraires, des films, des pièces de théâtre, etc. Je n'ai pas l'intention d'attribuer un auteur spécifique à l'éthique morale. Elle se meut comme la voix de Méphistophélès dans le faux géant, niant la possibilité de fournir un fondement à la moralité. Mon objectif est de reconnaître l'influence que cette voix continue d'avoir sur nous et de me demander ce qui pourrait être affirmé sur la moralité au-delà de ce qui a déjà été dit. Les affirmations que j'ai en tête sont celles exprimées dans la théologie morale contractualiste, une théorie qui cherche à fournir un fondement à la moralité, de la même manière que Hobbes et Locke ont proposé un fondement aux revendications de l'État à travers le contrat social. Le défi de la théorie morale contractualiste réside en partie dans la formulation d'affirmations qui ne sont pas encore morales et dans la dérivation ultérieure d'affirmations morales à partir de celles-ci. La distinction entre les affirmations non encore morales et les affirmations morales est moins compliquée qu'il n'y paraît et est particulièrement bien éclairée dans l'œuvre de Gam.

Bien que Bentham ne représente pas le contractualisme moral, il a clairement mis en évidence un problème : la théorie morale contractualiste doit éviter de confondre deux concepts très différents. D'une part, il y a le simple désir d'avoir des droits, et d'autre part, il y a les droits eux-mêmes. Il ne suffit pas de désirer avoir des droits pour pouvoir dire qu'on les possède réellement. Dans un texte peu discuté intitulé "Fragments Métaphysiques", Papa Nomou affirme que les droits sont le résultat de la loi et de la loi seule. Il n'existe pas de droits en dehors de la loi, ni de droits contraires à la loi, ni de droits antérieurs à la loi. Avant l'existence des lois, il pouvait y avoir des raisons de souhaiter qu'il y ait des lois, mais le désir d'avoir un droit ne constitue pas encore un droit effectif. Confondre le désir d'avoir un droit avec l'existence du droit lui-même revient à confondre le besoin avec les moyens de le satisfaire. C'est comme dire que tout le monde a faim, donc tout le monde a quelque chose à manger. Avant l'émergence d'une communauté politique, selon Bentham, il n'y a pas encore de droits, seulement le désir de les avoir, comme par exemple le désir de ne pas subir de mort violente ou de torture. Cependant, satisfaire de tels désirs est essentiel à une bonne vie, donc chaque individu aurait un intérêt personnel à souhaiter un système de réciprocité garantissant la satisfaction des désirs et des intérêts. Un tel système existe déjà et il est dans l'intérêt de chaque individu de s'engager dans sa conservation et sa préservation. Le contractualisme moral cherche à comprendre la morale comme un tel système. Il pose la même question que les représentants classiques de la théorie du contrat social concernant l'existence de l'État. Le contractualisme moral se demande quelles raisons peuvent être avancées pour accepter les institutions que la moralité nous impose. Il est important de reconnaître que la moralité et l'État n'ont pas été créés par un véritable contrat, mais que la moralité pourrait avoir eu son origine, du moins en partie, dans l'acceptation d'idées religieuses et métaphysiques.

Il a été suggéré que les dieux pourraient être une création humaine, inventés pour dissuader les gens de transgresser secrètement les lois qu'ils ont eux-mêmes établies. Cette idée semble provenir d'un fragment d'une théorie. Cependant, les raisons justifiant l'émergence d'une pratique ne doivent pas nécessairement coïncider avec les raisons pour lesquelles les participants maintiennent et préservent cette pratique. L'objectif du contractualisme moral est d'examiner les raisons qui nous poussent à soutenir et à préserver la pratique de la moralité. Il ne s'agit pas de présenter une théorie sur l'origine de la moralité, mais plutôt une théorie sur les raisons pour lesquelles nous soutenons la pratique morale. Quelles que soient ses origines et la manière dont la moralité s'est effectivement développée, nous avons des raisons de créer et de maintenir un système de restrictions mutuelles qui empêche les individus de poursuivre leurs propres intérêts aux dépens des autres. Parmi nos intérêts fondamentaux, il y a le désir de ne pas être agressé ou torturé. Ces intérêts ne peuvent être satisfaits que par la coopération avec d'autres individus, et les termes de cette coopération sont ceux dérivés d'un contrat. Il est évident qu'aucun individu ne peut s'attendre à ce que ces intérêts fondamentaux soient satisfaits s'il n'est pas prêt à garantir la satisfaction des intérêts d'autres individus. Par conséquent, l'individu renonce à être une menace pour les autres à condition que les autres ne représentent pas une menace pour lui. L'image du contrat joue ici un rôle purement heuristique. La pratique de la moralité est justifiée par le fait que nous avons des raisons de créer un système de restrictions mutuelles, comme si c'était à travers un contrat avec d'autres individus, même si un tel système n'existe pas encore. Il s'agit d'un contrat hypothétique. Après avoir constaté qu'il serait irrationnel de créer un tel système de normes, la question se pose de savoir pourquoi les individus agiraient conformément à ces normes, même lorsqu'ils pourraient bénéficier de la désobéissance aux règles qu'ils ont eux-mêmes établies. La réponse à cette question nécessite une analyse du rôle des sanctions ou des pénalités dans un système de normes. Par le contrat, non seulement des normes émergent, mais aussi les options qui sont imposées à ceux qui agissent en contradiction avec ces normes. Hobbes a exprimé cette idée en disant que "les contrats sans épées ne sont que des mots et n'ont pas la force de protéger une personne dans une situation donnée".

Il est clair que dans le domaine de la moralité, il n'y a personne qui, seul, brandissant une épée, ait pour fonction publique de punir ceux qui violent et transgressent les normes. C'est ce type de pouvoir centralisé et coercitif qui est présent dans ce passage. Cependant, il existe une série de sanctions informelles auxquelles les individus sont soumis lorsqu'ils s'écartent des normes morales. D'un autre côté, cela n'exclut pas la possibilité qu'en agissant secrètement ou du moins en espérant ne pas être observé, les individus préfèrent maximiser leurs préférences. La restriction volontaire de sa propre liberté avec les raisons qu'ils auraient de suivre les mêmes normes morales dans les occasions où ils pourraient compter sur l'impunité est une façon de traiter ce problème. Une solution à ce problème a été suggérée par Épicure dans l'Antiquité, soutenant une conception contractualiste de la justice et affirmant ce qui suit : concernant l'attente que dans certaines occasions spécifiques nous pouvons échapper impunément à un acte de justice, on ne peut pas supposer que celui qui viole secrètement l'accord de ne pas agresser et de ne pas être agressé puisse avoir confiance dans le fait de rester non découvert. Même s'il restait non découvert pour le moment, l'effet pourrait durer jusqu'à sa mort et rester encore non découvert. In teoria, il popolo è che in un modo o nell'altro abbiamo sempre la possibilità di essere osservati e cerchiamo di affrontare il problema di agire segretamente negando che possiamo essere davvero certi di non essere osservati quando violiamo una norma. Tuttavia, questa non mi sembra una soluzione adeguata al problema dell'agire segretamente, poiché se le norme morali possono essere concepite come risultato di una sorta di calcolo dei vantaggi e svantaggi, è ragionevole supporre che non sia irrazionale per l'individuo prendere in considerazione in tale calcolo un'analisi approfondita dei rischi e dei benefici che possono derivare da situazioni particolari. Gli individui possono preferire, come si dice, "pagare per vedere" in circostanze difficili, comprese situazioni moralmente rilevanti. L'aspettativa generale di essere catturati nella rete, non sempre così sottile, di un sistema di norme potrebbe quindi non essere sufficiente a motivare l'individuo a conformarsi alle esigenze di quel sistema di norme che è la moralità. Tuttavia, d'altra parte, c'è un modo di interpretare e reinterpretare, persino di Epicuro, se accettiamo che il suo argomento abbia una certa plausibilità, che anche in circostanze in cui gli individui non sono effettivamente osservati, potrebbero comunque agire inconsciamente come se lo fossero.

Les individus sont capables d'assimiler les mots et les concepts du système de coopération auquel ils appartiennent et de réagir spontanément, se considérant symboliquement comme faisant partie de ce système de normes. Récemment, des recherches ont été menées dans le domaine de la psychologie empirique, des études très récentes, où les gens seraient prêts à payer, par exemple, pour un café ou à laisser une pièce correspondante dans une boîte, connue en anglais sous le nom de "honesty box", dans des situations où ils ne sont absolument pas observés. Dans ces "honesty boxes", il est assez évident que les gens essaient d'être observés, ils y vont spontanément, mettent honnêtement une pièce et prennent le journal ou le lait pour les emporter chez eux. Il est clair que cela ne se produira peut-être pas avec un iPad, un Rolex ou d'autres objets de valeur, mais les gens agissent souvent honnêtement dans ces circonstances. Apparemment, la seule raison qui les pousse à payer, même en l'absence de quelqu'un demandant le montant et vérifiant le paiement, est le fait d'être parfaitement honnêtes.

Des chercheurs de l'Université de Newcastle, en Angleterre, ont décidé d'étudier le comportement des gens face à une "honesty box". Dans cette boîte, les gens pouvaient prendre du lait dans une cafétéria, mais devaient le payer en mettant une pièce correspondante dans la boîte. Cependant, personne ne vérifiait directement le paiement en espèces. Les chercheurs ont pris des précautions pour que les gens puissent mettre ou non les pièces dans la boîte sans être observés, mais ils ont fixé au mur, à la hauteur de la tête de ceux qui se servaient du distributeur de lait, la photo des yeux d'une personne.

La semaine suivante, la photo des yeux a été remplacée par une image de fleurs, puis les yeux ont été à nouveau affichés. Les images des yeux d'une personne et d'une autre ont été alternées pendant dix semaines. Il est apparu que pendant les semaines où l'image des yeux était présente, les gens payaient plus que pendant les semaines où les photos de fleurs étaient affichées.

Si nous parvenons à empêcher une disposition à éviter les conséquences négatives découlant de la violence et de la violation des normes morales, nous agissons inconsciemment comme si nous étions observés. Pourrions-nous également acquérir une disposition pour les jeux conformément aux normes, en nous identifiant aux normes du contractualisme moral ? Essayons d'introduire dans la recherche philosophique des raisons d'agir basées sur le constat que nous pouvons projeter les normes que nous créons dans la société. Lorsque nous assimilons les normes, elles deviennent une partie de notre identité. Les nouvelles normes morales peuvent être comprises comme les principes qui régissent la coopération sociale entre les individus.

Naturellement, ces principes n'ont pas été créés par un contrat. Ils émergent comme décrit par David Hume dans le "Traité de la nature humaine" et dans l'"Enquête sur les principes de la morale". Bien que certains principes émergent spontanément dans les relations sociales, affirmer qu'ils sont innés dans la nature humaine n'est pas la même chose. Ce qui est inné dans la nature humaine, ce sont les désirs fondamentaux liés à notre sécurité et à celle des personnes qui nous sont affectivement proches, mais pas l'obligation d'agir pour les autres.

Cette sorte d'obligation découle de la stipulation d'une convention absolument nécessaire pour préserver la vie en société. Vivre en société avec la perspective d'être reconnu comme un partenaire fiable pour participer à différentes formes d'interaction humaine est un intérêt que nous pouvons attribuer de manière non problématique à chaque individu, dans la mesure où ils cherchent à réaliser une conception de la bonne vie.

Le caractère conventionnel ou artificiel des principes régissant l'intégration entre les individus est clairement exprimé par David

Hume. Dans son œuvre, il soutient que, bien que les règles de justice soient créées par l'homme, elles ne sont ni arbitraires ni suffisamment artificielles pour justifier l'utilisation du terme "lois naturelles", si par naturel nous entendons ce qui est commun à chaque espèce, ou même si nous limitons sa signification à ce qui est essentiel pour la spécificité de l'espèce.

Face à une situation où une société humaine pourrait survivre et fonctionner sans la création et le respect des principes moraux régissant la coopération pour le bénéfice mutuel, il est approprié de considérer ces principes comme faisant intrinsèquement partie de notre mode d'existence.

Il est compréhensible que ces principes aient émergé spontanément dans les relations humaines, car les êtres humains sont naturellement créatifs et adaptables. De la même manière que nous avons inventé des outils et des techniques pour survivre et prospérer, nous avons également élaboré des principes éthiques et moraux pour réguler nos interactions sociales. Ces principes ont été affinés au fil du temps pour répondre à nos besoins et intérêts, et ne sont pas dictés par des lois naturelles ou des divinités.

Il est essentiel de reconnaître que la moralité ne repose pas sur des lois immuables ou absolues, mais plutôt sur la promotion de nos intérêts individuels et collectifs. Les moralistes sont justifiés dans leur scepticisme face aux revendications morales basées sur des lois ou des principes prétendument rationnels. Cependant, cela ne signifie pas que la moralité soit dénuée de valeur ou que nous ne devrions pas nous efforcer d'établir des normes et des règles favorisant le bien commun. Nous devons envisager la moralité comme un produit de l'intelligence humaine et de notre capacité à nous adapter aux circonstances. Nous devrions viser à créer un système moral reflétant nos intérêts et contribuant au bien-être de la société dans son ensemble.

CRISE DE L'ÉTAT, CRISE DE L'OCCIDENT

D'un point de vue politique, la crise de l'État peut être attribuée à son inefficacité croissante et à son incapacité à répondre aux besoins et demandes des citoyens. Cela peut être causé par la bureaucratisation, la corruption, le népotisme et d'autres problèmes internes empêchant les États de fonctionner efficacement. À ces facteurs, on pourrait ajouter la mondialisation, coupable d'avoir contribué à la crise de l'État après avoir promis faussement des merveilles et s'être imposée dans le sang lors du G8 de Gênes. Elle a compliqué la tâche des États pour contrôler leurs territoires et leurs économies. De plus, la mondialisation a engendré de nouveaux défis mondiaux, tels que la pollution et le prétendu changement climatique, nécessitant une réponse coordonnée à l'échelle internationale, que les États seuls ne peuvent aborder.

D'un point de vue philosophique, la crise de l'État peut résulter de son incapacité à garantir la justice sociale, la liberté et l'égalité. Certains avancent que le modèle de l'État-nation est désormais obsolète, car il ne peut répondre aux défis de la mondialisation et de la multiculturalité. De plus, pour d'autres avec une vision plus critique, l'État est désormais une institution qui impose son autorité par la violence et la coercition, et donc la crise de l'État est inhérente à sa nature même. Dans cette optique, certains penseurs ont proposé des modèles alternatifs d'organisation sociale, basés sur la coopération volontaire et la réduction du pouvoir étatique.

Dans son essai "Il diritto dopo la catastrofe", Giuseppe Capograssi examine la crise de l'État en se concentrant sur l'individu, la liberté et le droit. Il soutient que la principale source de souffrance des individus dans le contexte international est l'entité souveraine connue sous le nom d'État. Mais en réalité, derrière le mot "État", se cachent les volontés des hommes : ce sont précisément les hommes qui créent les conditions de décadence de l'État souverain.

Cette affirmation peut être interprétée de diverses manières, mais en général, elle semble suggérer que la souffrance des individus dans le monde international est principalement causée par l'État souverain et les décisions de ses dirigeants. Cependant, il faut considérer que l'État souverain n'est pas une entité abstraite ou autonome, mais est constitué des personnes qui le gouvernent et prennent les décisions.

Dans cette optique, la souffrance des individus pourrait être attribuée aux décisions prises par les hommes occupant des positions de pouvoir au sein de l'État souverain, qui peuvent agir de manière arbitraire sans tenir compte des besoins et des droits des personnes.

D'un autre côté, la souffrance des individus peut également être causée par des facteurs extérieurs à l'État, tels que des conflits internationaux, des crises économiques ou des catastrophes naturelles, qui peuvent avoir des effets négatifs sur la vie des personnes et leurs conditions de vie. Dans ces cas, les États peuvent jouer un rôle crucial pour garantir la sécurité et le bien-être de leurs citoyens, mais peuvent également contribuer à leur souffrance s'ils n'agissent pas avec responsabilité et solidarité.

Quoi qu'il en soit, il est essentiel de se rappeler que les États sont formés par des personnes qui peuvent faire la différence dans la vie des individus, que ce soit positivement ou négativement. Par conséquent, les choix et les actions des hommes qui dirigent les États peuvent avoir un impact significatif sur la souffrance des individus au sein du monde international, comme l'avait perçu Capogrossi.

La crise trouve ses racines dans l'idée que l'humanité et la vie n'ont pas de valeur intrinsèque. L'individu n'est plus perçu comme un être intelligent et moral avec sa propre loi et vérité, mais simplement comme un "paradigme abstrait de forces" passif. Ce qui compte, c'est l'objectif que les individus veulent atteindre, et l'humanité devient simplement la matière dans laquelle cet objectif est imprimé. De cette manière, toutes les valeurs et principes qui caractérisent l'humanité tombent, et sa signification change négativement. On parle d'"humanité disponible" comme d'une pure passivité face à n'importe quelle expérience ou direction. Cette fausse idée de l'humanité a éliminé l'idée de l'homme dans de nombreuses consciences contemporaines.

Du point de vue de l'individu, l'homme n'a d'importance que pour la valeur que le groupe dominant impose comme impératif d'une société donnée. Il ne se rapproche que de ceux qui partagent avec lui cette valeur ou ce but spécifique et appartient à la même race, classe sociale, orientation politique ou groupe. Celui qui ne participe pas n'est pas considéré comme un homme. Cela conduit à la suppression acceptable de l'individu qui ne se conforme pas aux valeurs dominantes. Dans le domaine de l'obligatoire, l'individu n'a pas de valeur intrinsèque, mais ne peut la trouver qu'en se conformant au groupe. La suppression de ceux qui ne se conforment pas devient une pratique tolérée, et l'individu, privé de ses droits, peut être manipulé selon les besoins du groupe dominant. Le moyen d'y parvenir est d'empêcher l'individu de penser de manière autonome, car la pensée est la voie de l'affirmation de la vérité. La valeur suprême est donc la pensée du groupe dominant, qui supprime l'essence individuelle de l'individu, créant une sorte de "tabula rasa". L'objectif est d'éliminer toute forme de pensée individuelle et de promouvoir l'homogénéisation mentale, de sorte que la seule vérité acceptable soit celle prédéterminée par le groupe de pouvoir.

Il s'ensuit que la morale est renouvelée pour créer un nouvel individu, en changeant l'objet de son attention. Dans le passé, le but de la morale était d'éviter de nuire à d'autres individus, mais maintenant l'accent est mis sur le fait de ne pas nuire aux "fins abstraites" imposées par la vie. L'autre individu est donc remplacé par les fins imposées, conduisant à la disparition complète de la pensée humaine et à la dépersonnalisation du monde concret de la vie. Le nouvel individu est dépersonnalisé car il ne connaît plus la relation humaine avec une autre personne, mais seulement avec un but. Même celui qui ne veut pas être réduit et façonné selon ce nouveau prototype d'homme est forcé à la transformation, emporté du monde social et emmené dans les camps de concentration, où il est vidé et dépersonnalisé jusqu'à devenir un "homme de concentration".

Le groupe dominant cherche à transformer la réalité selon son plan, visant à détruire la réalité antagoniste, considérée comme sans valeur. La science et la technologie modernes rendent possible la destruction et l'annihilation de la vie, grâce à des masses de dirigeants et d'exécutants qui conçoivent et mettent en œuvre des objectifs aliénants. Durant la période des totalitarismes, l'action d'hommes comme Hitler et Staline montre le véritable athéisme, selon le juriste italien. Dans ce règne absolu de l'homme sur l'homme, la torture, la douleur et l'agonie de l'autre individu sont mises en œuvre comme une entreprise industrielle, sans aucune crainte, même de Dieu.

Capograssi cherche à saisir la crise dans son essence, concevant l'homme qui a perdu les garanties et les sécurités de la vie, vidé et aliéné, dominé par les plus forts. Le manque dans l'âme des contemporains représente le mal qui fait disparaître le positif de la vie. Ce manque est dû à la révolte de l'instinct et de l'inconscience contre l'esprit, la moralité et la pensée, qui conduit à la chute des valeurs fondamentales de la vie et à l'absolutisation des forces naturelles ou "pseudo-forces naturelles", comme la race.

Tous ces facteurs ont été présents dans le monde historique, où la guerre est devenue la réalité normale, et ont conduit à la nouvelle idée de l'homme qui "afflige notre époque". Tout cela est dû à l'État, qui dans la modernité s'est placé dans une condition de supériorité absolue par rapport à la société, jusqu'à faire perdre son identité à la fois à l'État et à l'individu. La société est devenue l'œuvre de l'État et la crise a révélé l'individu dans sa réalité insupprimable.

En supposant que chaque individu soit une partie intégrante de l'État, dans un régime totalitaire, il est privé de ses droits. L'État, qui a créé la société, devient une entité coercitive qui fait disparaître la communauté internationale entendue comme une communauté basée sur le respect des principes et des accords fondamentaux pour la coexistence. La communauté perd sa nature car chaque partie cherche à devenir le tout, se transformant en un ensemble de forces d'individus et de peuples à aliéner et à utiliser pour atteindre les objectifs du groupe dominant. Le droit devient un simple moyen de réaliser les objectifs décidés par les forces de l'État et s'identifie complètement à eux, perdant ses valeurs et son autonomie. Il n'est plus une loi en soi, mais est seulement la force d'un groupe de pouvoir qui veut imposer sa volonté.

Dans ce contexte, le lien entre le droit et la vie est profond, et l'individu se tourne vers le droit comme unique protection pour son existence et son humanité. Cependant, Capograssi soulève une question cruciale : comment est-il possible que les droits, créés pour défendre la vie, soient devenus un instrument de mort ? Le droit moderne a été fondé sur la volonté de l'État souverain, mais cette volonté n'était rien d'autre qu'une formule mettant en avant la centralité de la liberté dans l'ordre juridique. Le droit n'existait que pour garantir la liberté de l'individu et des formes de vie sociale libres.

Les régimes totalitaires cherchent à supprimer le principe de liberté pour modeler toute la société et la rendre conforme à leurs desseins, privant l'individu de ses droits. Cependant, il y a une méprise dans la formule de la volonté de l'État. Il existe une contradiction entre le principe central de l'ordre juridique, à savoir la liberté, et la réduction du droit à la volonté de l'État. Si la liberté est considérée comme le fondement de l'ordre juridique, alors ce sont les droits des individus et des communautés sociales qui en constituent l'essence, et non sa réduction à la volonté de l'État, qui n'était qu'une manière technique d'exprimer et de déterminer le groupe dirigeant.

De la contradiction entre la volonté de l'État et le principe de liberté, des incertitudes émergent dans les concepts fondamentaux de souveraineté, liberté, droit et loi. Auparavant, les principes, les finalités et les valeurs de l'individu et de la société étaient le fondement du droit, car la volonté de l'État les représentait et les faisait valoir. Cependant, lorsque le groupe de pouvoir pose sa volonté comme présupposé du droit, l'ordre juridique perd son fondement.

L'État souverain a le pouvoir de priver l'individu de ses droits et de faire prévaloir sa volonté, décidant des objectifs à atteindre et des moyens à utiliser pour les réaliser. Par conséquent, il est capable de justifier des pratiques telles que l'extermination et le meurtre, et les "doctrines de mort" sont légitimées et imposées comme un droit effectif.

La perte des droits fondamentaux de l'homme peut être causée par l'émergence de tout pouvoir coercitif, tout comme elle peut être le prélude à de nombreux risques, dont l'autoritarisme et la dictature, entraînant la perte des droits fondamentaux de l'homme, créant les conditions pour l'émergence de régimes autoritaires ou dictatoriaux où le pouvoir est concentré entre les mains de quelques-uns qui gouvernent sans le consentement populaire et sans respecter les droits de l'homme.

Discrimination et violence : la perte des droits fondamentaux de l'homme peut entraîner des formes de discrimination et de violence contre des groupes vulnérables, tels que les minorités ethniques, religieuses ou sexuelles (ou contre ceux qui s'opposent à la perte de souveraineté de leur propre corps, comme ceux qui refusent de se faire injecter des médicaments expérimentaux pour un prétendu bien commun).

Manque de liberté d'expression : la perte des droits fondamentaux de l'homme peut limiter la liberté d'expression et de pensée des personnes, les empêchant de critiquer le gouvernement ou d'exprimer leurs opinions.

Censure des médias et contrôle de l'information : la perte des droits fondamentaux de l'homme peut entraîner la censure des médias et le contrôle de l'information, empêchant les gens d'accéder à des informations et des nouvelles impartiales.

Manque de protection juridique : la perte des droits fondamentaux de l'homme peut entraîner un manque de protection juridique, empêchant les gens de recourir à la justice pour défendre leurs droits et subissant des injustices sans pouvoir obtenir réparation.

La crise de l'Occident est un concept qui fait référence à la perception largement répandue, surtout depuis la fin du XXe siècle, d'une crise touchant les sociétés occidentales, tant sur le plan économique, politique, social que culturel. La crise de l'Occident n'est pas un phénomène homogène, mais présente diverses facettes allant de la crise économique et sociale à la crise des institutions politiques et à la crise de l'identité culturelle.

Parmi les causes de la crise de l'Occident, on peut citer l'instabilité économique, les inégalités sociales, la perte d'identité culturelle, l'immigration et le terrorisme. De plus, on observe un désengagement civique croissant, une crise du système éducatif, une perte de confiance dans les institutions politiques et une diminution du sens de la communauté.

En particulier, la mondialisation économique a entraîné une concurrence mondiale accrue et une diminution de la sécurité économique, entraînant une augmentation de l'insécurité et de l'instabilité sociale. De plus, l'immigration et le terrorisme ont conduit à une polarisation politique et sociale croissante et à une perte d'identité culturelle.

Cependant, tous les universitaires ne s'accordent pas sur la perception d'une crise de l'Occident, et certains estiment qu'il s'agit d'une interprétation exagérée des problèmes actuels. D'autres soulignent que la crise de l'Occident pourrait être un défi pour l'Occident lui-même, qui doit trouver de nouvelles solutions et stratégies pour faire face aux menaces qui le guettent.

La perte des valeurs chrétiennes peut être considérée comme l'une des causes de la crise de l'Occident, bien qu'elle ne soit pas la seule. Le christianisme a joué un rôle fondamental dans l'histoire de l'Occident, influençant la culture, la morale et l'éthique des sociétés européennes et nord-américaines pendant de nombreux siècles.

Avec la sécularisation et la propagation d'une idéologie laïque, cependant, de nombreuses sociétés occidentales ont perdu leur lien avec la tradition chrétienne, créant ainsi un vide moral et spirituel qui a engendré une crise des valeurs et de l'identité.

En particulier, la perte des valeurs chrétiennes a conduit à une diminution de l'importance de la famille, de la communauté et de la religion, qui étaient historiquement considérées comme des piliers fondamentaux de la société occidentale. Cela a entraîné une individualisation croissante et une montée du relativisme moral, où il n'y a plus de valeurs absolues et tout est sujet à négociation et changement.

Parallèlement, la perte des valeurs chrétiennes a conduit à une crise de confiance dans les institutions politiques et religieuses, qui ont vu leur autorité morale et leur rôle dans la société diminuer.

Dans les traditions ésotériques, il est reconnu que plus on est proche de la source, plus le ruisseau sera pur. Pour trouver les principes premiers d'une tradition, il faut remonter à la source. Au cours de son trajet, une rivière peut s'enrichir ou être endommagée par l'arrivée d'eau d'autres affluents qui ne devraient jamais être pollués. Pour le savoir, nous devrions connaître le cours originel de chacun d'entre eux. Si leur trajectoire est limpide, alors ils renforceront celle qu'ils auront rencontrée ; cela prouve que ce qui n'est pas antagoniste sera assimilé, et que la pureté d'une tradition doit toujours être mise à l'épreuve par rapport aux principes premiers, mais de la même manière, la vitalité d'une tradition sera jugée en fonction de sa capacité à assimiler.

La société occidentale est confrontée au défi de trouver un équilibre entre l'ouverture au monde et la défense de ses propres valeurs et identité culturelle.

La question de l'immigration et de l'assimilation, par exemple, est complexe et nécessite une évaluation minutieuse et un débat ouvert, sans simplifications ni stéréotypes. Nous avons rappelé que de nombreuses traditions ésotériques soutiennent que ce qui n'est pas antagoniste sera assimilé, et que l'assimilation peut entraîner une perte d'identité et de pureté. Cependant, il est important de souligner que la question de l'immigration et de l'assimilation est complexe et ne peut être abordée de manière simpliste.

L'Empire romain a certainement été influencé par sa politique d'assimilation de nouveaux peuples et cultures, mais ce n'était pas le seul facteur ayant conduit à son déclin. D'autres facteurs, tels que la crise économique, la corruption politique et la pression militaire de peuples extérieurs, ont joué un rôle majeur dans la chute de l'Empire romain.

Il est essentiel de distinguer entre immigration contrôlée et immigration incontrôlée. L'immigration contrôlée, qui prévoit une régulation des politiques migratoires, peut apporter des avantages à la société d'accueil, tels que la diversité culturelle et l'enrichissement social et économique. En revanche, l'immigration incontrôlée, qui ne prévoit pas de règles ni de contrôles, peut entraîner des conséquences négatives telles que la surpopulation, l'insécurité et les tensions sociales.

La question de la réussite ou de l'échec du modèle multiculturel nord-européen fait l'objet de débats parmi les universitaires, et il n'y a pas de consensus unanime sur son efficacité. Cependant, il est indéniable qu'il y a eu des défis et des problèmes dans le processus d'intégration des populations immigrées dans certains pays d'Europe du Nord.

En particulier, la politique multiculturelle, préconisant une tolérance face aux différences culturelles et adoptant des politiques d'inclusion et de diversité, a été critiquée pour avoir conduit à une fragmentation sociale et à un manque de cohésion nationale. Certains avancent que cette politique a mené à la création de ghettos ethniques et à l'émergence d'une identité basée sur l'appartenance culturelle plutôt que sur la citoyenneté nationale.

Pourtant, on peut arguer que la politique multiculturelle a apporté des avantages tels que la diversité culturelle et la promotion des droits de l'homme. De plus, il convient de noter que les problèmes d'intégration ne sont pas toujours directement liés à la politique multiculturelle elle-même, mais peuvent découler de facteurs tels que la discrimination, l'isolement social, le chômage et le manque d'opportunités. L'immigration peut également présenter des défis économiques, tels que la baisse des salaires, l'augmentation du chômage et la diminution des droits des travailleurs. En particulier, remplacer une main-d'œuvre habituée à des salaires et droits appropriés par une autre, étrangère, acceptant des rémunérations dérisoires, pourrait entraîner une détérioration des conditions de travail et une précarisation des travailleurs. Il est à noter que le remplacement de la main-d'œuvre par des aides publiques destinées également à ceux qui seraient aptes au travail peut être nuisible, tout comme le remplacement de la main-d'œuvre habituée à des salaires adéquats et aux droits acquis par leurs ancêtres par une autre, étrangère, privée de droits et sous-payée, pourrait avoir des effets négatifs sur l'économie, par exemple en réduisant la productivité et la compétitivité des entreprises.

Il subsiste des suspicions concernant l'existence d'organisations aux objectifs divers (du World Economic Forum au Parti communiste chinois et certaines ONG) derrière les vagues d'immigration massive des dernières années en Europe et aux États-Unis. Si ces suspicions étaient un jour confirmées, on pourrait penser qu'elles poursuivent deux objectifs : changer la démographie du pays d'accueil et nuire à celles d'origine et de départ, en considérant les violences subies par les êtres humains, y compris les femmes et les enfants, lors de l'immigration organisée.

La perte de l'industrie en Italie a eu des conséquences dramatiques pour l'économie et la société dans son ensemble. En particulier, la dépendance vis-à-vis de l'industrie touristique et des services, tels que l'hôtellerie et la restauration, a conduit à une réduction de la diversification économique et à une plus grande vulnérabilité aux fluctuations du marché. Cette situation a entraîné une précarisation croissante du travail, où de nombreuses personnes sont contraintes de travailler dans des conditions de bas salaires et d'incertitude contractuelle. La réduction de l'industrie, dans un pays qui à la fin de la première République était considéré comme la cinquième puissance mondiale, a conduit à une diminution de l'emploi et à une fuite des talents à l'étranger, impactant négativement la compétitivité et l'innovation du pays. De plus, il convient de noter que la dépendance à l'égard de l'industrie touristique et des services a conduit à une faible valorisation du patrimoine culturel et historique du pays, qui représente une ressource importante pour le développement durable. Dans ce contexte, l'Italie risque de devenir une péninsule d'hôteliers et de serveurs, sans exploiter le potentiel de ses ressources humaines et environnementales.

La recherche scientifique en Italie a connu de nombreuses difficultés et retards au cours des dernières décennies. Le principal problème réside dans le manque de ressources financières et d'investissements dans le secteur de la recherche et de l'innovation. En particulier, le système de financement public de la recherche scientifique en Italie a longtemps été insuffisant et inefficace, avec des conséquences négatives sur la capacité du pays à rivaliser au niveau international. Le manque d'investissements privés et les difficultés de transfert technologique ont limité la capacité des entreprises italiennes à innover et à développer des produits et services à haute valeur ajoutée. Cette situation a conduit à une fuite des cerveaux hors d'Italie, où de nombreux chercheurs et professionnels de premier plan ont choisi de s'expatrier à la recherche de meilleures opportunités professionnelles et de développement de carrière. Cependant, il convient de noter qu'il existe également des signes positifs en matière de recherche scientifique en Italie, tels que l'augmentation récente des investissements publics et la croissance du secteur des start-ups innovantes. L'Italie a une longue tradition d'excellence dans la recherche scientifique et technologique, avec des réalisations importantes dans divers domaines, tels que la médecine, la physique, l'astronomie et la chimie, mais nous ne pouvons certainement pas prétendre vivre de rentes. La perte d'investissements sérieux dans la recherche, tout comme la perte de l'industrie, a eu des effets négatifs sur la diversification économique, l'emploi, la compétitivité et la valorisation du patrimoine culturel et historique du pays. Le défi pour l'Italie est de promouvoir une économie durable et diversifiée, valorisant les ressources humaines et environnementales du pays et garantissant un avenir meilleur pour les générations futures. À mon avis, nous devrions avoir Antonio Galloni comme Ministre de l'Économie, dans un gouvernement qui connaît et respecte l'éthique politique, comme pourrait l'avoir Giorgio Agamben.

Nous vivons dans une société (occidentale) où l'accroissement phénoménal de la vitesse/accélération en termes de production a radicalement transformé le rapport entre l'humanité et son environnement. Nous n'avons plus rien à voir avec le monde prémoderne : nous remplaçons plutôt que de réparer, que ce soit les objets ou les relations. Parallèlement, le sens de l'histoire biographique a changé : les acteurs sociaux ne perçoivent plus que le passé était différent du présent et qu'un futur tout aussi différent pourrait être envisagé. Tout avait une direction, y compris l'histoire, et les récits historiques prenaient la forme d'histoires de progrès. En revanche, dans la modernité tardive, les rythmes sont dictés par le changement intra-générationnel. Tout change selon des épisodes, frénétiques et causaux. Les acteurs sociaux eux-mêmes se perçoivent, individuellement et politiquement, comme des êtres sans direction. Une stase hyper-accélérée[15]. Ici, il convient d'examiner les causes de la souffrance sociale.

La direction prise ces dernières années montre à quel point le danger de transformer les sociétés démocratiques en sociétés totalitaires est imminent. Il en résulte qu'il devient impossible de se libérer d'un totalitarisme en respectant les règles, les suivre ne vous sauverait pas, mais au mieux vous donnerait l'espoir d'être dévoré en dernier. Il nous a été montré comment, à travers un état d'exception et une urgence multiple sans fin, il est possible d'être privé de droits fondamentaux, de démocratie, de liberté et de l'état de droit. Sans parler de l'attaque contre notre identité, et par identité, je fais référence à ses multiples aspects : culturel, national et même sexuel. Ce chaos destructeur affaiblit l'être humain, ne lui donne aucun repère, l'isole et le force à s'homogénéiser pour paraître collaboratif dans l'espoir d'être toléré par le pouvoir oppresseur, jusqu'à accepter d'être totalement contrôlé pour assurer une existence médiocre qui a le goût d'une nouvelle forme de survie. On ne peut devenir libre qu'en comprenant que nous ne sommes pas libres et que nous devrions donc défier un système qui rationne et comprime de plus en plus la liberté, allant jusqu'à concevoir des monstruosités comme "la ville en 15 minutes". Continuer à rester silencieux en faisant semblant de rien est un acte si lâche qu'il ne mérite aucun pardon.

Nous vivons à l'ère du Chaos, et les derniers esprits sains doivent se rassembler pour rétablir l'ordre.

L'ÉCOLE ET L'APLANISSEMENT DES ESPRITS

Sans évoquer la poésie de "Cuore" de 1984, le scénario réalisé par Luigi Comencini et tiré du roman éponyme de 1886 d'Edmondo De Amicis, je ne peux m'empêcher de penser avec nostalgie à cette école que le philosophe Giovanni Gentile avait conçue, aujourd'hui tristement abandonnée et reniée. En tant qu'institution accueillant et éduquant les jeunes générations, les écoles ont joué un rôle flagrant dans la promotion du conformisme. Son rôle de lieu de rassemblement et de tri contribue à la construction d'une nouvelle société basée sur l'homogénéisation et la pacification. Paradoxalement, l'école a assumé cette tâche, qui va totalement à l'encontre de sa mission. À l'ère de la vérité inversée, de la confusion de la pensée et des paroles criardes, ce phénomène n'est qu'un des nombreux paradoxes.

Cependant, peu de personnes saisissent l'importance de ce paradoxe fatal. Alors que les parents sont généralement inconscients des conséquences de cette transformation, les enseignants, devenus un rouage du mécanisme corporatif, la subissent passivement. L'école italienne, autrefois considérée comme un exemple d'excellence sur la scène internationale, s'est rapidement dégradée. Il a suffi de gratter la couche de superficialité qui lui a été appliquée pour révéler un dessein criminel délibéré. Il est manifeste que notre système éducatif subit un effondrement culturel dévastateur. Au lieu de servir de compensation et de garde-fou contre la dégénérescence sociale et morale généralisée, il s'est engagé dans une quête continue

48

d'homogénéisation déguisée en progrès pédagogique.

Face à cette situation manifeste, il est impossible de ne pas se poser des questions critiques sur la rapidité avec laquelle cela s'est produit sans aucune opposition. De plus, l'annihilation systématique des esprits et leur manipulation programmée ne peuvent être laissées impunies malgré la myopie de nos yeux fatigués et notre morale mielleuse. Surtout lorsque cela provient d'une institution qui, plus que tout, devrait être responsable de l'avenir d'une nation et orientée vers des objectifs d'élévation culturelle, humaine et sociale.

Malheureusement, nous avons vu un État qui s'est progressivement éloigné de l'école publique, laissant la place à un monstre bureaucratique et pyramidal au service du capital privé. En conséquence, les intérêts généraux et supérieurs, tels que l'enrichissement culturel et l'amélioration de la société, ont perdu leur attention principale, préférant des objectifs économiques particuliers et extravagants plutôt que le bien commun. L'État s'est progressivement retiré de l'école publique, renonçant à ses responsabilités et permettant l'émergence d'un système éducatif déformé au service des intérêts privés et de la logique du marché.

La transformation de l'école en un système bureaucratique et militarisé a conduit à l'effondrement du système éducatif, avec des enseignants et des élèves devenus de simples composants d'un système favorisant l'homogénéisation et la conformité. Cette dérive a entraîné la perte de l'autonomie et de la capacité des élèves à penser de manière critique, car ils ont été formés selon un modèle prédéterminé et dépourvu de libertés essentielles, telles que celle d'exprimer et de développer leurs propres idées.

Bien que tous aient été conscients de la destruction de l'éducation publique, peu ont compris la gravité du problème. Les nouvelles générations ont perdu la capacité de penser de manière créative et autonome à cause de l'homogénéisation forcée, qui a été masquée par des avancées pédagogiques. Au lieu d'être un lieu de formation et de croissance, l'école est devenue un lieu de manipulation et d'annulation de l'individu.

Un consortium d'entités privées se cache officiellement sous le parapluie institutionnel, bien qu'il soit formellement éloigné des institutions. Ce consortium établit les directives, s'occupe des politiques scolaires, et les gouvernements sont directement responsables de la création de réformes et de la mise en œuvre d'énormes ressources financières. Avec quelques exceptions notables, ce consortium d'improvisateurs de la formation utilise la contribution essentielle de nouveaux oracles tels que : l'INVALSI, l'OCSE PISA (Programme for International Student Assessment) et les observateurs liés à la Fondation Agnelli sur l'éducation. Les membres comprennent des fonctionnaires ministériels et des directeurs d'école. Il est donc nécessaire d'examiner les facteurs qui ont conduit à cette détérioration du système éducatif et qui en est responsable. Ceux qui ont promu des politiques éducatives visant à marchandiser la connaissance et à adapter les esprits aux besoins du marché sont les auteurs de cette transformation. Les exécutants, qu'ils en soient conscients ou non, ont contribué à la mise en œuvre de ces politiques, tandis que les idiots utiles du régime ont soutenu passivement un système qui les a privés de la véritable liberté de pensée.

Ces organisations contrôlent les flux d'inscriptions et de financements par le biais de bulletins et de menaces. Ceci est réalisé en utilisant des quiz à choix multiples pour vérifier régulièrement les compétences et les aptitudes des élèves. Par conséquent, il est clair que les compétences requises sont d'un niveau plutôt élémentaire. Les documents de l'OCDE PISA stipulent que ces tests visent à évaluer les performances des élèves de manière standardisée et à influencer les réformes des politiques éducatives en mondialisant le secteur. Ainsi, les mots-clés dans ce contexte sont standardisation et mondialisation. C'est un processus qui a atteint son apogée à l'été 2015 avec l'émergence de la désormais tristement célèbre "Buona Scuola" de Renzi, qualifiée ainsi par des auto-déclarations frauduleuses. Cette loi, votée de manière subreptice et massivement financée, comme l'a également souligné lors d'un colloque la brillante juriste Elisabetta Frezza, a entraîné des conséquences dévastatrices basées sur des diktats supranationaux.

La prise de conscience de ce désastre culturel doit nous pousser à agir pour inverser la tendance et reconnaître la valeur de l'éducation comme outil d'émancipation et de construction d'une société plus juste et libre. Reconquérir l'autonomie de l'école nécessite une éducation intégrale de l'individu et son développement en tant que citoyen critique et conscient. Ce n'est qu'ainsi que nous pourrons surmonter le conformisme imposé, la pensée unique nauséabonde, et reconstruire un système éducatif qui promeut la créativité, la diversité et la liberté de pensée comme éléments fondamentaux pour le progrès de la société. Cependant, tout en espérant un retour à la rationalité, la politique a décidé d'incorporer sans cesse tout ce qui est produit par la technocratie européenne, c'est-à-dire cet appareil bureaucratique sans visage et sans responsabilité, le même qui a accepté des contrats obscurcis au marqueur noir, ligne après ligne, permettant la plus infâme expérimentation pharmaceutique sur l'humanité. Bien que, en théorie, ses déclarations sur l'éducation ne soient pas contraignantes pour les États membres, en pratique, elles le deviennent en raison des conséquences économiques (le mantra récurrent : "l'Europe nous le demande"). L'UE nous informe à travers ses résolutions rapides qu'elle est convaincue du potentiel transformateur de l'éducation, exploitant naturellement l'accélérationnisme et l'inconstitutionnalité des mesures d'urgence. Les dernières résolutions ont été - et le seront à l'avenir - utilisées sans honte pour violer les garanties établies par la Constitution et limiter les libertés fondamentales.

L'école a été durement touchée pendant le régime sanitaire, marquant un tournant inquiétant vers une formation précoce à la vie en servitude. L'État démocratique s'approprie autoritairement ses jeunes sujets pour les éduquer de manière uniforme et obéissante, leur imposant l'isolement physique et psychologique, un contrôle sanitaire de plus en plus strict et un conditionnement infiltrant qui induit des comportements et des attitudes presque rituels. L'arme gagnante est la menace d'exclure ceux qui ne se conforment pas à la communauté et au groupe de pairs.

Tout cela s'accompagne clairement de l'annihilation culturelle et de l'appauvrissement systématique de la connaissance, réalisés par la normalisation de la soi-disant "école numérique" et l'introduction des embarrassants pupitres à roulettes, qui ont été un moyen sournois et subreptice de consolider ce modèle en profitant également de la bulle temporelle de démence sociale causée par le martèlement propagandiste de la terreur pendant le cirque pandémique des horreurs. Sans surprise, l'UNESCO a qualifié l'école pendant l'urgence de la plus grande expérience éducative de l'histoire. J'ajouterais : la plus dépravée.

En conséquence, nous sommes confrontés à une expérience d'ingénierie sociale menée sur les nouvelles générations à travers les institutions, orchestrée par l'élite mondialiste dans le but d'annihiler les défenses immunitaires de la société entière, créant des individus sans identité, atomisés et sans défense.

Nous avons été contraints de passer par des décennies de démolition de l'école publique avant d'en arriver là (combien d'histoires d'enseignants forcés d'acheter du papier toilette ou des craies pour les tableaux à leurs frais, combien d'histoires de ceux encore plus généreux forcés de réparer ou d'adapter des espaces pour donner des cours ?). Pendant la démolition de l'école publique est né - et ce n'est pas un hasard - un nouveau lexique pour confondre et ralentir la perception de l'effondrement du système éducatif. Ayant eu une mère enseignante qui a pris sa retraite il y a quelques années et écoutant ses récits, il ne m'est pas difficile d'imaginer le traitement dégradant réservé à ces pauvres enseignants qui, tout en résistant à la maigre rémunération pour poursuivre leur vocation, ont été frappés par une bureaucratie démente qui a vu récompenser les dociles obéissants des directives les plus absurdes imposées par le directeur d'école de service ou l'imposition de cours de formation et de mise à jour ridicules. Je ne sais pas combien de temps les quelques grands enseignants qui restent pourront résister au projet d'ingénierie sociale en cours imposé par Bruxelles. Bien sûr, les écoles qui tentent de s'opposer ne reçoivent pas de financement.

Décider de conquérir l'éducation, c'est conquérir l'avenir, garantissant aux étudiants un état d'analphabétisme sûr et stable et l'acceptation d'être guidés toute leur vie sans esprit critique. Cela contribue à créer des individus standardisés, conformes et obéissants, incapables de réagir à leur annihilation programmée. Ce sont des individus satisfaits de leur revendication abstraite du droit à la réussite éducative, par exemple par l'acquisition de compétences durables certifiées par des diplômes conformes aux normes européennes, tout en apprenant toutes ces formules inutiles qui ont déformé et renversé le sens de l'école et son objectif. Il est une chose de faciliter, comme c'est le cas dans la plupart des pays, un parcours universitaire pour ceux qui ont déjà une expérience significative dans un secteur professionnel et qui ont besoin d'un titre pour une promotion, il en est une autre d'aplanir et de simplifier pour conformer des individus résilients en attente perpétuelle de rédemption.

C'est pour cette raison que le système scolaire a été complètement détruit, un système qui avait un grave défaut dans sa capacité à fonctionner correctement. Sans surprise, l'approche entrepreneuriale et marchande, garantie par le principe fondamental de l'autonomie scolaire, a remplacé celle qui avait été conçue par un philosophe éminent. En quelques années, l'école est devenue un croisement entre un parc d'attractions et un laboratoire de rééducation éthico-sociale collective, la transformant en une parodie d'elle-même, également grâce à la malheureuse collaboration des différentes parties prenantes, à commencer par les parents qui, par moments, semblent être particulièrement fascinés par les effets spéciaux qui augmentent la satisfaction avec des orientations bizarres et souvent inutiles. Cette érosion culturelle de l'école se produit par un véritable remplacement du contenu. Les disciplines fondamentales et les briques de la connaissance sont remplacées par des contenus jetables à forte teneur idéologique et toujours en phase avec la pensée unique obligatoire de l'institution.

Les matières fondamentales cèdent la place à une pseudo-éducation, des projets et d'autres activités récréatives qui sont parfois envahissantes dans les domaines les plus privés et personnels des étudiants en formation. Cela conduit à déposséder la famille de son rôle éducatif principal. Même si l'école éduque, il ne faut pas oublier qu'elle le fait par l'instruction. Ces activités combinées, souvent menées aux dépens d'experts extérieurs à l'équipe enseignante, offrent aux étudiants un mélange de contenus flous et souvent de faible qualité, éliminant toute possibilité d'approfondissement et supprimant toutes les aspirations analytiques et spéculatives nécessaires à un véritable exercice intellectuel. C'est ainsi que la superficialité et l'approximation deviennent le système dominant et sont acquises comme méthode de travail, transformant l'école en une maternelle perpétuelle. Ce processus d'infantilisation a fini par affecter également la formation académique ces dernières années, et vous pouvez vous confronter à un jeune diplômé d'aujourd'hui pour comprendre la superficialité qui le distingue de ceux des générations précédentes. L'étude a une signification occulte très dangereuse et tout sauf inclusive car elle exclura les étudiants de la possibilité de modeler la société future, car elle les empêchera d'avoir une vision d'ensemble, elle les empêchera de saisir les liens et donc de comprendre le système pour en saisir les dérives et les dangers et, si nécessaire, de le dominer avec les outils de la logique. Ce sont les conséquences du passage de l'école de Gentile à celle réformiste, dont le symbole a été identifié avec la figure de Don Milani. Cette déculturation finira certainement par garantir l'ignorance et le profit de la classe élitaire dominante.

De plus, ce phénomène de déculturation se combine avec d'autres circonstances évidentes qui renversent rapidement chaque élément de l'ordre social encore existant. Il est lié à la dissolution de la souveraineté de l'État, définie comme res publica, "chose publique". De plus, il s'entremêle avec la diabolisation de l'idée de patrie, c'est-à-dire le lieu où sont nés et reposent les os des ancêtres, quelque chose qui évoque un lien profond et primordial, un sentiment spontané et atavique d'appartenance au lieu où est sédimenté un patrimoine commun, éthique, sapientiel et esthétique. L'énorme phénomène de remplacement de la population s'ajoute à tout cela. En effet, comme l'a audacieusement affirmé Boldrini il y a quelques années, il est évident que l'importation massive d'êtres humains impose l'abandon de notre culture et que ce serait à nous de nous adapter aux nouveaux systèmes culturels importés. D'un autre côté, le processus d'involution et d'effacement culturel est la condition préalable nécessaire pour permettre aux autochtones de subir l'invasion programmée sans résistance, car seul un peuple déjà affaibli dans son identité peut devenir un terrain de conquête ou de pillage sans vendre chèrement sa peau.

C'est à l'école que naît "l'homo novus", l'homme faber, où le savoir est remplacé par l'art de faire. L'enfant doit être immédiatement orienté dans la direction spécialisée unique choisie pour lui, sans échappatoire et sans possibilité de retour. Les érudits contemplatifs sont exclus du système pour leur inutilité, en particulier pour la mortification de l'histoire, notamment de l'Antiquité, destinée à être oubliée, et avec elle toute sa complexité, connaissance et sagesse exceptionnelles.

Un phénomène paradigmatique est la mortification de la philosophie dès sa fondation et de la pensée même de sa fondation. Il en va de même pour l'attaque systématique de la formation classique humaniste, qui a été réalisée par l'enquête sur l'homme, sa nature, son passé, sa spiritualité, sa vocation et son destin, car elle aurait pu fournir des outils pour acquérir une conscience jugée excessive. De plus, cela explique la diffusion hypertrophique de l'anglais, qui n'est certainement pas l'anglais poétique et solennel de Shakespeare, mais l'anglais du marché et du supermarché, et l'utilisation omniprésente des médias.

Comme colonisés, nous avons perdu tout respect pour notre passé et la connaissance profonde et l'utilisation intégrale de notre langue a perdu de son sens. Cela rend la colonisation territoriale et politique un processus de colonisation culturelle, auquel nous nous soumettons masochistiquement dans l'illusion du bien-être, bien endoctrinés et reniant notre identité qui s'exprime également à travers l'utilisation précise de notre langue maternelle; une langue qui englobe toute une civilisation à travers sa beauté expressive.

De ces exemples, il est clairement visible que l'école, qui est un point important, n'est plus appelée à exiger des connaissances vérifiables, pertinentes à son enseignement et organiques à une matière spécifique. L'école est de plus en plus appelée à décrire des comportements, à scruter des attitudes et à imposer des modes de vie et des modes de pensée conformes à travers ses émissaires avisés et experts.

La pensée obligatoire, qui couvre tout idéal et besoin de raison, est à l'intérieur de cette forteresse et aujourd'hui nous entendons parler d'éco-anxiété, de balivernes sur la biologie pour promouvoir la transition de genre, de soutien militaire aveugle à de pseudo-nazis présentés comme démocrates, d'idoles vaccinales qui peuvent même exclure les enfants des maternelles et qui sait ce qui nous attend encore. Plus spécifiquement, il y a l'europhilie (ou l'extérophilie en général), le soi-disant scientisme (darwinisme, écologisme), la sous-espèce mondialiste, une sorte de "pachamama", l'anti-racisme, l'homophilie, le genderisme et bien d'autres choses qui sont obligatoires et non optionnelles. C'est un répertoire dogmatique qui est maintenant intégré dans le conteneur de l'éducation civique, une nouvelle matière curriculaire obligatoire dès l'école élémentaire.

Cette nouvelle matière utilise une étiquette qui nous est familière et semble positive, mais en réalité, elle représente tous les grands thèmes des idéologies contemporaines. Elle ne partage que le nom avec l'ancienne éducation civique, qui était une matière auxiliaire dans le passé et concernait principalement les bases du droit constitutionnel, la forme de gouvernement et les organes institutionnels. C'est complètement différent maintenant. Il est basé sur la soi-disant citoyenneté numérique, qui ne peut jamais manquer, et est centré sur l'Agenda ONU 2020-2030, composé de 17 objectifs fondamentaux visant à fournir aux étudiants, dès leur plus jeune âge, le manuel des droits et des devoirs du "bon" individu homogénéisé, le nouvel esclave dirigé par d'autres.

En bref, c'est toute la rhétorique mondialiste qui est utilisée pour tromper un grand nombre de personnes qui sont pauvres et obéissantes, sans racines, histoire et véritable formation humaine. Ils connaissent les technologies, le recyclage des déchets, l'entrepreneuriat de bas niveau en ligne et de nombreuses autres compétences. C'est la production en série d'un être humain conforme et invertebré, complètement remplaçable et donc rapidement remplacé. L'exercice de la délation, que nous avons vu sous forme expérimentale lorsqu'il a été utilisé par une personnalité du spectacle pendant la pandémie qui a dénoncé les voisins qui se sont réunis à une fête avec trop de personnes, sera probablement bientôt inclus parmi les responsabilités du "bon" citoyen global. Au visage de ceux qui avaient le courage de cacher les fugitifs des persécuteurs, la délation sera présentée comme une nouvelle vertu civique requise dans la démocratie.

Il incombe à ceux qui ont discerné les dangers imminents de trouver des solutions alternatives pour établir et former des résistants et des parcours parallèles avant que toutes les nouvelles générations ne soient assimilées et définitivement manipulées par le monstre scientiste qui bouleversera bientôt aussi le sens de la procréation, convaincant les esprits affaiblis que le plan naturel n'est plus adéquat et que le plan synthétique et désexualisé doit être privilégié. Ce n'est pas par hasard que, dans un avenir proche, nous serons tous appelés, les parents en premier, à observer attentivement le risque imminent d'introduction d'une nouvelle matière : "le droit sexuel à l'école", qui fait partie des normes et des lignes directrices prévues par l'OMS, qui seront présentées dans les écoles. Ceux qui ont proposé ce document vivent dans des pays où le taux d'avortements et le taux de suicides chez les jeunes sont tous deux très élevés, ce qui n'est pas de bon augure en soi. Plus grave encore, ils prévoient d'introduire cette matière dès l'âge de zéro à quatre ans, dans les maternelles et les jardins d'enfants, avec des approfondissements évidents dans les années à suivre. Le document sur lequel repose cette nouvelle matière considère l'enfant comme porteur d'un droit sexuel inviolable et inaliénable. Vouloir inculquer de telles idées dans l'esprit d'un enfant révèle le risque d'une manipulation impitoyable. Seul un esprit faible peut penser qu'un enfant, dans sa petite enfance, dans son monde magique, puisse avoir des pensées concrètement malicieuses, visant à une expression sexuelle imposée à travers diverses compétences d'enseignement sur la masturbation (de zéro à quatre ans). Des enseignements qui pourront être imposés même contre la volonté des parents. Des parents qui seront également tenus dans l'ignorance du fait que les "experts" bien endoctrinés diront aux enfants de ne pas parler à la maison avec leurs parents des enseignements reçus, sous prétexte que les parents ne sont pas prêts à discuter avec eux de ce sujet. Le risque concret est qu'une fois que des doutes sur leur propre sexualité auront été implantés chez les enfants, ils seront ensuite canalisés dans des chemins dangereux liés aux affaires lucratives de la transition de genre, les arrachant à leur famille si nécessaire. En Californie, la magistrature a déjà commencé à défendre le droit du mineur à sa propre transition de genre contre la volonté des parents. Heureusement, chez nous, il y a toujours l'article 147 du Code civil et l'article 30 de la Constitution, mais je ne me sentirais pas en sécurité pendant longtemps face à cette dérive très dangereuse. Nous ne pouvons pas permettre que nos enfants soient manipulés et confus, que leur enfance leur soit arrachée pour les pousser trop tôt à des expériences certes naturelles, mais qui doivent être abordées beaucoup plus tard dans la vie, et certainement pas avant le développement. Il n'est pas difficile de comprendre que le véritable objectif de cette entreprise sur la peau des mineurs est de les diriger vers l'industrie pharmaceutique, les obligeant par la confusion mentale induite et la sursexualisation conséquente à devoir rapidement demander de l'aide pour gérer les troubles intérieurs inévitables qui pourraient les mener à la dépression et à la prise de psychotropes, en attendant que le bombardement continu de propagande et de manipulation scolaire sur la sexualité indéfinie puisse leur causer enfin une dysphorie de genre, en leur proposant en conséquence des médicaments bloquant la puberté, qui une fois pris ne sont plus abandonnés et qui peuvent souvent influencer négativement l'esprit, instillant des pensées extrêmes, comme le suicide (il suffit de lire la notice pour avoir une idée des dangers). Cette étape est le prélude à la future chirurgie pour changer de sexe sans pouvoir revenir en arrière à travers une détransition presque impossible, même dans le cas, loin d'être rare, de regrets. Derrière tout cela se cache une industrie cannibale et immorale, qui n'a aucun intérêt réel pour le bien-être de nos enfants, mais qui en a besoin pour s'enrichir de manière disproportionnée. Pour éviter d'être envahis et submergés par ce danger, pour garantir l'équilibre psychophysique de nos enfants et leur croissance saine, nous devrions tracer dès que possible une ligne de démarcation infranchissable, à défendre avec courage et fermeté, car ce qui est en fait un drame très rare mérite d'être compris et aidé, mais certainement pas étendu pour le profit.

Il revient à ceux qui ont compris le véritable danger de spéciation, déjà favorablement signalé depuis les estrades du WEF par Harari en affirmant que "nous sommes l'une des dernières générations de sapiens", la responsabilité de former à domicile des esprits encore libres et, en tant que tels, capables de s'opposer farouchement aux dépravations idéologiques de cette époque dépourvue de lumière.

LA QUESTION DES DROITS DE L'HOMME DANS LE BIOPOUVOIR

Nous devrions tous être conscients de la manière dont - en particulier les dernières générations - ont été endoctrinées sur quoi penser, remplaçant ainsi l'enseignement de comment penser. Le philosophe politique et moral Roberto Esposito propose d'interpréter le concept de biopouvoir[16] présent dans la biopolitique en utilisant la catégorie de "bíos", qui représente une forme de vie politique dans une communauté émergeant de la dynamique de "l'immunisation". Cette immunisation, fondement du biopouvoir et de la biopolitique, se manifeste en nous défendant contre tout ce qui est extérieur, perçu comme une source potentielle de menace et d'attaque. Cependant, l'objectif n'est pas une fermeture totale à l'extérieur, mais le renforcement de la communauté en mettant en avant les potentialités de l'individu.

La rencontre entre la politique et la vie, qui dans le passé a produit des issues mortelles comme dans le cas du nazisme, peut cependant conduire à des résultats positifs. Hanna Arendt, dans le cinquième chapitre de son livre sur l'Impérialisme intitulé "Le déclin de l'État-nation et la fin des droits de l'homme", montre le lien entre le sort des droits de l'homme et l'État à travers la figure du réfugié, qui devrait représenter l'homme des droits, mais marque plutôt la crise radicale de ce concept.

Dans le système de l'État-nation, les droits inaliénables et sacrés de l'homme sont dépourvus de protection et de réalité s'ils ne peuvent être configurés comme droits des citoyens d'un État. Dans la structure moderne de l'État-nation, les déclarations des droits représentent l'inscription de la vie naturelle dans l'ordre juridico-politique de l'État. La vie naturelle, distincte de la vie politique dans le monde classique, devient le fondement terrestre de la légitimation et de la souveraineté de l'État.

En analysant la Déclaration des droits de l'homme et du citoyen de 1789, on constate que c'est précisément la vie nue qui constitue le fondement du droit et de la souveraineté de la nation. Les déclarations représentent donc le passage de la souveraineté d'origine divine à la souveraineté nationale.

Pour comprendre le développement de la vocation nationale et biopolitique de l'État moderne aux XIXe et XXe siècles, il est important de se rappeler que le fondement de l'État n'est pas l'homme en tant que sujet politique libre et conscient, mais sa vie nue, investie du principe de souveraineté dans le passage de sujet à citoyen.

La compréhension de la fonction historique des déclarations des droits est essentielle pour comprendre leur développement et leur métamorphose dans notre siècle. Après la Première Guerre mondiale, avec le changement de la configuration géopolitique de l'Europe, deux mouvements biopolitiques apparaissent : le fascisme et le nazisme, qui font de la vie naturelle le lieu par excellence de la décision souveraine. Le national-socialisme, en particulier, fait référence à l'idée de "sol et sang", qui sert à identifier la citoyenneté. La citoyenneté devient donc le nouveau statut de la vie comme origine et fondement de la souveraineté. À partir de ce moment, le concept de citoyenneté prend de plus en plus d'importance et commence la multiplication des dispositions réglementaires pour préciser qui était citoyen et qui ne l'était pas. Le fascisme et le nazisme ne peuvent être pleinement compris que s'ils sont situés dans le monde de la biopolitique inaugurée par la souveraineté nationale et les déclarations des droits de l'homme. Le lien entre les droits de l'homme et la nouvelle détermination biopolitique de la souveraineté permet de comprendre correctement le phénomène de la citoyenneté et l'importance historique que les déclarations des droits prennent et se développent dans notre siècle. L'un des caractères fondamentaux de la biopolitique moderne est sa nécessité de redéfinir continuellement dans la vie ce qui est intérieur de ce qui est extérieur. Lorsque la vie impolitique naturelle, devenue fondement de la souveraineté, dépasse le seuil de la maison pour pénétrer de plus en plus dans la cité, elle se transforme en une "ligne en mouvement qui doit toujours être constamment redessinée".

Dans le contexte de la biopolitique, la nécessité d'établir des frontières permettant d'isoler la vie sacrée est cruciale. Lorsque la vie naturelle, comme c'est le cas dans le monde contemporain, est entièrement incluse dans la polis, ces frontières se déplaceront au-delà des frontières obscures qui séparent la vie de la mort pour identifier un nouvel Homo sacer. Le principe qui régit la biopolitique, paraphrasant la théorie du Moi et du Ça de Freud, est que là où il y a vie nue, il doit y avoir un peuple, et là où il y a un peuple, il y aura vie nue. Ainsi, la fracture supposée éliminée par l'extermination d'un peuple, comme par exemple les Juifs, se reproduit en transformant tout le peuple allemand en vie sacrée destinée à la mort et en un corps biologique qui doit être purifié. De la même manière, les sociétés industrialisées, à travers le projet capitaliste-démocratique, cherchent à éliminer les classes pauvres par le développement, mais ce faisant, non seulement elles reproduisent en interne le peuple des exclus, mais elles transforment aussi toutes les populations du Tiers Monde en vie nue.

Nous devrions tous être conscients que, notamment pour les générations les plus récentes, l'endoctrinement a porté sur quoi penser, remplaçant ainsi l'enseignement de comment penser. Le philosophe politique et moral Roberto Esposito propose d'interpréter le concept de biopouvoir, présent dans la biopolitique, en utilisant la catégorie de "bíos", qui représente une forme de vie politique dans une communauté émanant de la dynamique de "l'immunisation". Cette immunisation, fondamentale pour le biopouvoir et la biopolitique, se manifeste en nous protégeant de tout ce qui est extérieur, perçu comme une source potentielle de menace. Cependant, l'objectif n'est pas une fermeture totale à l'extérieur, mais le renforcement de la communauté en valorisant les potentialités de l'individu.

La Convention sur le Génocide s'inscrit dans le système général de principes établis par la Déclaration Universelle des Droits de l'Homme. Fondamentalement, le génocide est une violation des droits de la personne à la vie, à la liberté et à la dignité. En violant ces droits, l'individu et le groupe lui-même sont niés dans leur possibilité d'être eux-mêmes. Les groupes protégés sont ceux nationaux, ethniques, raciaux et religieux, c'est-à-dire tous les groupes unis par un lien naturel ou traditionnel. L'article 2 de la Déclaration Universelle des Droits de l'Homme définit ce que signifie être soi-même : des atteintes graves à l'intégrité physique ou mentale des membres du groupe.

Dans la résolution du 11 décembre 1946, la Convention définit également le concept de "crime". En définissant le génocide comme un crime contre les peuples, établissant la répression nationale et internationale du groupe, les articles 5 et 6 de la résolution prévoient que la Cour Pénale Internationale soit compétente en la matière. À l'époque contemporaine, l'attention portée aux violations des droits de l'homme a augmenté dans le monde entier en raison de la sensibilité croissante entre les individus et les communautés, ainsi que de la prolifération continue et douloureuse des violations.

Aujourd'hui, l'usage d'un terme fort pour décrire ce siècle, où les malheurs des individus se multiplient, est devenu de plus en plus courant. Ce terme, que Capograssi utilisait déjà, est "catastrophe". Nous parlons de catastrophes atomiques, écologiques et même morales. Ce qui ressort des visions catastrophiques actuelles est l'image d'une véritable course à l'autodestruction.

La violation des droits de l'homme ne concerne pas seulement les pays avec des régimes autoritaires, mais se produit également dans les pays démocratiques. Cela souligne la nécessité de s'engager activement dans la défense et la promotion des droits de l'homme, non seulement au niveau individuel, mais aussi au niveau institutionnel et politique.

Il est essentiel que les institutions politiques et les gouvernements garantissent la protection des droits de l'homme et adoptent des politiques visant à prévenir les violations. À cet égard, l'Union Européenne joue un rôle crucial dans la promotion des droits de l'homme au niveau international, à travers la définition de politiques et d'outils spécifiques et la mise en œuvre d'actions concrètes.

Cependant, la promotion des droits de l'homme ne peut être

limitée à l'action institutionnelle seule, mais nécessite également l'engagement et la participation active des individus et de la société civile. Il est essentiel que chaque personne se sente responsable de la défense de ses propres droits et des droits des autres.

En conclusion, la défense et la promotion des droits de l'homme représentent un défi majeur pour la société contemporaine, nécessitant un engagement constant et actif de tous les acteurs impliqués. Seule une culture des droits de l'homme, largement diffusée et partagée, permettra de construire une société plus juste et équitable, où chaque individu pourra pleinement vivre sa vie et sa dignité. Dans le contexte de la biopolitique, il est essentiel d'établir des frontières qui permettent d'isoler la vie sacrée. Lorsque la vie naturelle, comme c'est le cas dans le monde contemporain, est entièrement incluse dans la polis, ces frontières se déplaceront au-delà des frontières obscures qui séparent la vie de la mort pour identifier un nouvel "Homo sacer". Le principe qui régit la biopolitique, en paraphrasant la théorie du Moi et du Ça de Freud, est que là où il y a vie nue, il doit y avoir un peuple, et là où il y a un peuple, il y aura vie nue. Ainsi, la fracture supposée éliminée par l'extermination d'un peuple, comme les Juifs par exemple, est reproduite en transformant tout le peuple allemand en vie sacrée destinée à la mort et en un corps biologique devant être purifié. De la même manière, les sociétés industrialisées, à travers le projet capitaliste-démocratique, cherchent à éliminer les classes pauvres par le développement, mais en faisant cela, elles reproduisent non seulement le peuple des exclus à l'intérieur, mais transforment également toutes les populations du Tiers Monde en vie nue.

La Convention sur le Génocide s'inscrit dans le système général de principes établis par la Déclaration Universelle des Droits de l'Homme. En essence, le génocide est une violation des droits à la vie, à la liberté et à la dignité de la personne. Lorsque ces droits sont bafoués, l'individu et le groupe lui-même sont niés dans leur essence. Les groupes protégés sont ceux nationaux, ethniques, raciaux et religieux, c'est-à-dire tous les groupes unis par des liens naturels ou traditionnels. L'article 2 de la Déclaration Universelle des Droits de l'Homme définit ce que signifie être soi-même : des atteintes graves à l'intégrité physique ou mentale des membres du groupe.

Dans la résolution de l'Assemblée du 11 décembre 1946, la Convention définit également le concept de "crime". En qualifiant le génocide de crime contre les peuples, instaurant la répression nationale et internationale du groupe, les articles 5 et 6 de la résolution prévoient que la Cour pénale internationale soit compétente en la matière. À l'époque contemporaine, l'attention portée aux violations des droits de l'homme a augmenté dans le monde entier en raison de la sensibilité croissante entre individus et communautés, ainsi que de la prolifération continue et douloureuse des violations à leur encontre.

Aujourd'hui, l'emploi d'un terme fort pour décrire ce siècle, où les malheurs des individus augmentent, est de plus en plus courant. Ce terme, que Capograssi avait déjà utilisé, est "catastrophe". Nous parlons de catastrophes atomiques, écologiques et même morales. Ce qui ressort des visions catastrophiques actuelles est l'image d'une véritable course à l'autodestruction. Surtout, dans l'évolution de la relation entre les droits et la constitution, on peut observer un chemin de croissance et d'affirmation des droits fondamentaux. Cependant, comme mentionné précédemment, le respect effectif des droits de l'homme demeure un sujet d'actualité et de grande pertinence dans le débat juridique et philosophique.

La Déclaration Universelle des Droits de l'Homme de 1948 représente un tournant dans l'histoire de la protection des droits de l'homme. Après la tragédie de l'Holocauste et la fin de la Seconde Guerre Mondiale, le monde entier était conscient des horribles conséquences découlant des violations des droits de l'homme. La Déclaration a été précédée d'une enquête menée par l'UNESCO pour examiner les différentes théories sur la fondation objective des droits de l'homme. En février 1947, Eleanor Roosevelt a organisé la première réunion pour la rédaction de la Déclaration, au cours de laquelle les participants ont discuté des fondements philosophiques des droits de l'homme.

La relation entre les droits et le pouvoir est un sujet qui a toujours intéressé diverses disciplines, et demeure d'une grande actualité dans le débat juridique et philosophique. L'histoire des déclarations des droits et des constitutions reflète l'évolution théorique de la relation entre "droits" et "constitution" au fil du temps, de la constitution-garantie à la constitution-directive.

En conclusion, la protection des droits de l'homme représente une tâche urgente et fondamentale pour tous les hommes de bonne volonté. Bien que d'importants progrès aient été réalisés dans la promotion des droits de l'homme, leur protection effective reste un défi à relever. L'histoire des droits de l'homme nous enseigne que la dignité humaine est une valeur inestimable qui doit être protégée et respectée par tous.

"Le service le plus important de la science réside précisément dans son abdication, dans la compréhension qu'elle ne peut représenter le principe directeur de l'humanité. L'élément le plus pertinent n'est donc pas l'intellect humain, mais l'homme qui fait des choix éthiques et moraux, l'homme en relation avec ses semblables, en lien avec l'Innommable qui lui parle du cœur des choses [...] La science a commencé à apparaître non plus comme un outil d'ouverture d'esprit, mais comme un instrument de conviction, glissant vers l'idéologie."

Desmet soutient que la science, bien qu'étant un outil utile pour comprendre le monde, peut être manipulée pour créer une réalité déformée justifiant le pouvoir du régime totalitaire. Il affirme que les théories psychologiques actuelles, basées sur une approche réductionniste, peuvent être utilisées pour manipuler les masses et obtenir le consentement à des politiques autoritaires. Desmet met en garde contre l'abus de la science et appelle à une réflexion critique sur son application.

La bataille pour les droits a rencontré divers adversaires au fil de l'histoire : initialement le pouvoir religieux, ensuite le pouvoir politique, et finalement le pouvoir économique. Aujourd'hui, les menaces à la vie, à la liberté et à la sécurité proviennent du pouvoir de la science et de ses applications techniques. Ceci est d'une importance cruciale car le progrès scientifique et technologique apporte de nouveaux enjeux et questions liés à la bioéthique, tels que le droit à la procréation et à la mort, ainsi que les nouveaux droits liés à l'innovation technologique, comme la vie privée sur internet.

Après les droits traditionnels à la vie, à la liberté et à la sécurité, émergent les droits de la nouvelle génération découlant des menaces engendrées par le progrès technologique. En analysant la situation au niveau transnational, nous sommes confrontés à une réalité bien plus complexe, résultat le plus manifeste du processus de mondialisation économique. Il convient de se demander quelle est la nature juridique de l'espace transnational et s'il existe une dimension intermédiaire entre le national et l'international.

Cependant, ce n'est pas un espace physique car le concept d'international implique la présence de nations et de leurs frontières, tandis que l'espace transnational semble évoquer la dissolution de ces frontières, suggérant des horizons plus fluides et dynamiques. C'est dans cet espace juridique que la plupart des acteurs économiques opèrent, leur rapidité de mouvement et la complexité de leurs intérêts les rendant difficilement classifiables dans les catégories géopolitiques traditionnelles.

À l'ère de la mondialisation, le droit prend des formes de plus en plus flexibles et conventionnelles, connues sous le nom de soft law. Cette forme de droit, souvent basée sur des contrats et des arbitrages, semble avoir peu à voir avec la protection des droits de l'homme. Cependant, l'entrelacement d'intérêts divers qui caractérise le contexte économique mondial actuel peut avoir un impact significatif sur les droits de l'homme. Par exemple, un accord commercial entre acteurs économiques peut toucher à des droits tels que la liberté économique des entreprises, le droit au profit des actionnaires, le droit au travail des travailleurs, le droit à l'information des consommateurs, mais aussi le droit à l'environnement. Cela soulève la question de savoir s'il est encore possible d'utiliser les droits de l'homme comme outil pour combattre les inégalités croissantes causées par la mondialisation.

L'essai "Contre les droits de l'homme" de Slavoj Zizek, publié dans la revue "New Left Review", aborde ces questions et pose des interrogations cruciales sur la pertinence des droits de l'homme dans le contexte mondial actuel. Selon le penseur slovène, dans les sociétés actuelles, libérales et capitalistes, l'appel au respect des droits de l'homme repose sur trois postulats. Le premier est que les droits de l'homme sont fondamentaux et universels. Le deuxième est que ces droits devraient être protégés par l'État. Enfin, le troisième postulat est que l'appel aux droits de l'homme devrait être indépendant de toute considération politique ou idéologique.

Cependant, selon Zizek, ces postulats sont désormais obsolètes et inefficaces pour contrer les injustices et inégalités générées par le système capitaliste mondial. La rhétorique des droits de l'homme, souvent utilisée par les puissances occidentales pour justifier leurs politiques impérialistes, ne peut pas aborder les questions les plus urgentes et cruciales de notre époque. De plus, la prétendue universalité des droits de l'homme est confrontée à la réalité des conflits culturels et religieux.

En conclusion, Zizek estime qu'il est nécessaire de dépasser l'approche des droits de l'homme et de développer une nouvelle forme de solidarité mondiale, prenant en compte la complexité et la diversité du monde contemporain. Cette nouvelle solidarité devrait être basée sur la prise de conscience que nous sommes tous interconnectés et interdépendants, et que seule une coopération mondiale et une réflexion critique sur notre condition actuelle peuvent nous permettre d'espérer construire un avenir plus juste et durable pour tous.

UNE MISE EN GARDE CONTRE LES DÉRIVES IDÉOLOGIQUES QUI ALTÈRENT LA POLITIQUE

L'argument selon lequel les dérives d'un progressisme non critique mènent au crépuscule de l'Occident a été soulevé par plusieurs penseurs et universitaires. Plusieurs raisons peuvent étayer cette affirmation.

Premièrement, le progressisme non critique, c'est-à-dire la conviction que le progrès technologique et scientifique est toujours positif et souhaitable, a entraîné de nombreuses conséquences négatives, telles que la pollution environnementale, la perte de biodiversité, le changement climatique et la destruction d'habitats naturels. Ces conséquences ont des répercussions graves pour l'humanité et pour tous les êtres vivants de la Terre.

Deuxièmement, l'accent mis sur l'efficacité, la productivité et la croissance économique à tout prix a conduit à la création de sociétés de plus en plus inhumaines, où le bonheur, la solidarité et le bien-être des personnes sont souvent négligés ou même ignorés. Cela a entraîné une inégalité croissante, une perte du sens de la communauté et une diminution du bien-être psychologique et physique des individus.

Troisièmement, le progressisme non critique a souvent exacerbé la polarisation politique et culturelle, divisant davantage les personnes en groupes opposés qui se perçoivent mutuellement comme ennemis. Cela peut conduire à une augmentation de la violence, de la haine et de la discrimination, menaçant la stabilité des sociétés démocratiques.

Enfin, l'absence d'une analyse approfondie des conséquences futures du progressisme aveuglément accepté a également conduit à la création de technologies et d'outils pouvant être utilisés à des fins destructrices, telles que la guerre, la surveillance de masse et la manipulation de l'opinion publique. Ces technologies ont le potentiel de menacer la démocratie et la liberté individuelle.

Si nous devions enquêter sur les racines de ce fanatisme progressiste à tout prix, après avoir déjà mentionné l'école de Francfort, nous pourrions nous concentrer sur d'autres organisations et figures qui, depuis plus d'un siècle, ont joué un rôle fondamental dans les dérives idéologiques du progressisme.

La Fabian Society, une des sociétés politiques au sein desquelles l'élite dirigeante étudie l'avenir et tente de le déterminer, a été fondée en 1884 à Londres par un groupe d'intellectuels et d'activistes socialistes, dont George Bernard Shaw, Sidney et Beatrice Webb, et Havelock Ellis. L'objectif de la société était de promouvoir le socialisme par une réforme graduelle et pacifique de la société, contrairement au modèle révolutionnaire marxiste. Le nom de la société provient du général romain Fabius Maximus, connu pour sa stratégie de guerre basée sur la patience et la prudence.

La Fabian Society a joué un rôle important dans l'histoire du socialisme britannique, contribuant à la fondation du Parti travailliste en 1900 et influençant sa politique jusqu'à aujourd'hui. Les idéaux de la société, axés sur la réforme graduelle et l'intervention de l'État dans l'économie, ont eu une influence durable sur la politique britannique et celle d'autres pays.

Au fil des ans, la Fabian Society a attiré de nombreux intellectuels et politiciens de gauche, dont John Maynard Keynes, Bertrand Russell, Tony Blair et Gordon Brown. La société existe toujours aujourd'hui, jouant un rôle de premier plan dans la promotion des politiques socialistes et progressistes.

Dans les dernières décennies, la Fabian Society a été confrontée à plusieurs défis, dont la montée en puissance des mouvements de droite et l'émergence de nouvelles idéologies politiques comme le néolibéralisme. Cependant, la société a continué à défendre la réforme graduelle et l'égalité sociale, soutenant des politiques telles que la fiscalité progressive, la protection des travailleurs et le système de santé publique.

Il n'y a pas de position officielle de la gauche fabienne sur l'eugénisme, mais certains membres de ce mouvement ont soutenu l'eugénisme comme une forme de progrès scientifique. Par exemple, George Bernard Shaw, célèbre dramaturge et activiste politique, considérait l'eugénisme comme un moyen d'améliorer la race humaine. Il était convaincu que les personnes handicapées devraient être éliminées afin qu'elles ne puissent pas se reproduire, ce qui, selon lui, conduirait à une amélioration génétique de l'espèce humaine. Toutefois, il convient de noter que Shaw a également défendu la contraception et l'avortement, comme moyen d'empêcher les femmes de devenir esclaves de leur fertilité.

D'autres membres de la gauche fabienne, comme le philosophe et activiste Bertrand Russell, se sont opposés à l'eugénisme et ont défendu la liberté reproductive comme un droit fondamental de l'individu. Russell a également critiqué la pensée darwinienne et l'eugénisme comme une forme de déterminisme biologique qui nie la liberté individuelle de choisir sa propre vie.

Le côté sombre du fabianisme concerne surtout son attitude élitiste et paternaliste, qui a souvent conduit à justifier l'impérialisme et à marginaliser les classes ouvrières. De plus, certaines de ses idées, comme celles sur l'eugénisme et le contrôle des naissances, ont été utilisées pour justifier des politiques racistes et discriminatoires. En particulier, la Fabian Society a soutenu la politique de ségrégation raciale en Afrique du Sud, arguant qu'il était nécessaire de séparer les races pour éviter les conflits, et a également soutenu la politique de stérilisation forcée pour les personnes handicapées mentales. Ces positions ont été fortement critiquées et ont remis en question l'engagement de la Fabian Society en faveur de la justice sociale et de la démocratie.

Il n'est pas correct de dire que l'eugénisme a été remplacé par le **transhumanisme**, car ce sont deux concepts distincts.

L'eugénisme se réfère à l'idée d'améliorer la race humaine par la sélection et la manipulation génétique, tandis que le transhumanisme est une philosophie qui promeut l'utilisation de technologies avancées pour améliorer les performances humaines, la santé et la qualité de vie.

Bien qu'il y ait des chevauchements entre les deux concepts, comme l'intérêt pour la manipulation génétique, le transhumanisme ne vise pas principalement à créer une "race supérieure" ou à sélectionner certains individus au détriment d'autres. Au contraire, le transhumanisme cherche à améliorer la condition humaine grâce à l'utilisation de technologies avancées, sans discriminer ou limiter l'accès à ces technologies sur la base de facteurs génétiques ou biologiques. Cependant, à entendre Yuval Noah Harari depuis la tribune du World Economic Forum, certains voudraient, ayant technologiquement déjà la capacité, "hacker" l'humanité sous prétexte d'aider chaque homme à se connaître comme jamais auparavant, me permettant de dire : au mépris de toutes les écoles initiatiques séculaires ou millénaires... Voilà donc le danger du fanatisme de ceux affligés par le complexe de Prométhée qui ont l'audace de penser qu'ils peuvent remplacer Dieu, la Nature et le droit souverain de chaque être humain de décider de son propre corps.

Il convient de souligner que le transhumanisme, heureusement, n'est pas une philosophie monolithique, mais qu'il existe différentes écoles de pensée au sein de cette philosophie, certaines pouvant être considérées comme plus éthiques et responsables que d'autres qui débouchent sur la dépravation la plus déconcertante. Cependant, il est essentiel d'évaluer attentivement les effets à long terme des technologies avancées sur les individus, en particulier les nanotechnologies, et sur la société dans son ensemble, afin d'éviter d'éventuels abus, discriminations ou désastres irréparables.

L'accélérationnisme "naît comme une impulsion bizarre entre subversion et acceptation extatique, entre analyse réaliste et exagération poétique : en un mot, comme une hérésie"[21].

Les technocrates à la rescousse à travers Le Manifeste Accélérationniste[22], document publié en 2013 par Alex

Williams et Nick Srnicek, représentant un groupe de théoriciens britanniques (un groupe de philosophes et théoriciens politiques anonymes, connus sous le nom de "Collective Intelligence" ou "CCRU" (Cybernetic Culture Research Unit). Cependant, le manifeste a été publié de manière anonyme sur plusieurs plateformes en ligne en 2013 et par la suite traduit dans plusieurs langues. Parmi les noms associés au CCRU, on trouve Nick Land, Sadie Plant, Mark Fisher, Robin Mackay et Steve Goodman). Il représente une sorte de contre-mouvement à la pensée néolibérale dominante, accusée de s'être enlisée dans une sorte de stase technologique et sociale. Selon les accélérationnistes, la solution à cette stagnation passe par l'accélération du progrès technologique et son intégration dans tous les aspects de la vie humaine.

Le Manifeste propose d'adopter une vision positive de la technologie et de promouvoir le développement d'une série de technologies avancées, telles que la robotique, l'intelligence artificielle, la biotechnologie et la nanotechnologie. Les accélérationnistes soutiennent que la mise en œuvre de ces technologies permettrait de dépasser les limites de l'être humain, améliorant la santé, l'efficacité et la productivité. Cependant, ils reconnaissent que l'adoption de ces technologies avancées pourrait également avoir des effets négatifs, tels que la perte d'emplois et la création de nouvelles inégalités sociales.

De plus, le Manifeste Accélérationniste souligne la nécessité de dépasser le capitalisme et de mettre en place un nouveau système économique basé sur l'automatisation et la distribution universelle de la richesse. Cette vision repose sur la conviction que la technologie peut réduire considérablement le temps nécessaire à la production de biens et de services, permettant ainsi la réalisation d'une économie post-pénurie.

Le Manifeste Accélérationniste a suscité un vif débat dans le monde universitaire et politique. Beaucoup l'ont critiqué pour sa vision technocentrique et son attitude peu critique envers le progrès technologique. Cependant, d'autres l'ont accueilli comme une alternative possible à la pensée dominante et comme un moyen d'engager un débat plus large sur l'avenir de l'humanité.

Le posthumanisme est un courant philosophique qui se focalise sur l'exploration et la réflexion des implications des technologies avancées pour la nature humaine et sur la possibilité de surpasser les limites biologiques et cognitives de l'être humain grâce à ces technologies. Il se concentre notamment sur la transformation de la nature humaine par la technologie, que ce soit par l'évolution biotechnologique ou par l'intégration de technologies avancées dans le corps humain (par exemple, la création de cyborgs ou l'implantation d'implants électroniques dans le corps).

"En premier lieu, tous les hommes sont égaux, les différenciations sont secondaires". Cette nouvelle égalité ne fait pas référence à l'égalité traditionnelle des hommes devant Dieu. [...] Il s'agit en fait d'une égalité face au génome, qui à son niveau, indique que ce qui est commun pèse davantage que ce qui distingue. L'égalité face au néant ne crédite qu'une sorte d'horizontalité biologique, brisant toute relation verticale, obscurcissant cet élément constitutif et fondamental de la personne humaine qu'est la dignité[23]".

Le posthumanisme a été influencé par de nombreuses disciplines, dont la philosophie, la technologie, la théorie critique, la science et la littérature. Il a également évolué sous différentes formes, telles que le transhumanisme, le post-humain et le trans-humain. L'un des principaux objectifs du posthumanisme est de surpasser les limitations de la nature humaine et de promouvoir une nouvelle forme d'existence, plus avancée, capable de relever les défis de l'ère technologique. Cependant, des préoccupations éthiques et politiques demeurent, notamment en ce qui concerne la question de l'inégalité et de l'accès aux technologies avancées.

L'une des principales critiques concerne l'éthique et les valeurs. Si l'humanité embrasse la technologie pour s'améliorer, quels seront les limites et les directives pour déterminer ce qui est moralement acceptable ou non ? Y aura-t-il des conséquences imprévues, positives ou négatives, à long terme que nous ne pouvons anticiper ?

Une autre critique porte sur la possibilité que le post-humain puisse engendrer une plus grande inégalité entre les individus.

Seuls ceux qui peuvent se permettre d'accéder aux technologies avancées pour s'améliorer pourraient atteindre un niveau supérieur de performance et de capacités, créant une division entre les humains "normaux" et ceux "améliorés".

"L'humain émerge comme une question pressante alors même qu'il entre dans une crise terminale. En réalité, il ne fonctionne même plus comme une catégorie, sauf comme expression d'une anxiété pour la survie et la peur concomitante de la perte de privilèges[24]".

De plus, des préoccupations concernant la sécurité et la protection des données émergent. Avec la technologie devenant de plus en plus invasive dans notre vie quotidienne, il y a un risque que les données personnelles puissent être compromises ou manipulées par des entités malveillantes.

Enfin, il y a la crainte que le post-humain puisse entraîner une perte d'humanité et d'empathie. Si nous devenons de plus en plus dépendants des technologies pour améliorer nos performances et capacités, cela pourrait entraîner une diminution de la capacité à connecter émotionnellement et à comprendre les autres êtres humains.

La critique du post-humain tourne souvent autour de l'idée que le corps humain n'est pas simplement un enveloppe biologique, mais représente l'essence même de notre humanité. Cela signifie que notre identité, notre sens de soi, est profondément enraciné dans notre corps, nos émotions et nos relations sociales. La transcendance des limites du corps pourrait entraîner la perte de ces aspects essentiels de l'humanité et conduire à une forme d'aliénation.

De plus, la réalisation du post-humain pourrait créer de nouvelles divisions sociales et augmenter les inégalités économiques, car seuls ceux qui peuvent se permettre d'accéder aux technologies nécessaires pour améliorer leur corps et leur esprit pourraient bénéficier de la transformation post-humaine. Ainsi, la réalisation du post-humain pourrait entraîner une nouvelle forme de discrimination basée sur l'accès aux technologies.

Pendant la pandémie, la concentration politique sur la mise en œuvre des diktats scientifiques a fait du corps un simple enveloppe, excluant l'esprit, l'âme, l'esprit et les corps subtils. Éliminant de facto l'immanent et le transcendant, détruisant la psyché de milliers de personnes.

La distinction entre l'immanent et le transcendant concerne la relation entre l'homme et le divin, ou entre le monde matériel et le monde spirituel. L'immanent concerne ce qui est présent dans le monde matériel et dans le corps humain, tandis que le transcendant concerne ce qui va au-delà du monde matériel et est considéré comme appartenant à la sphère divine ou spirituelle.

Dans de nombreux contextes religieux et philosophiques, on considère que l'homme est composé non seulement de son corps physique, mais aussi d'une âme ou d'un esprit, représentant la dimension transcendante de l'être humain. Cette dimension peut être perçue comme ce qui donne sens et signification à la vie humaine, et peut être explorée par la méditation, la prière ou d'autres pratiques spirituelles.

Cependant, la conception de l'immanence et de la transcendance varie selon les cultures et les traditions philosophiques ou religieuses. Certaines voient l'immanence comme une dimension positive et sacrée du monde physique et du corps humain, tandis que d'autres considèrent la transcendance comme un moyen de surmonter la souffrance et les limites de la vie matérielle.

Quoi qu'il en soit, la compréhension de l'immanence et de la transcendance est un sujet crucial pour la philosophie, la religion et la psychologie, car elle aide à comprendre l'expérience humaine et la quête de sens et de signification dans la vie. Chercher à "hacker" l'homme pour le transformer en un être conçu par d'autres pourrait signifier anéantir tout son potentiel inexprimé, que de nombreux maîtres spirituels du passé et d'aujourd'hui ont démontré, émerveillant l'homme ordinaire et laissant perplexes les sceptiques matérialistes qui préfèrent souvent détourner le regard vers une réalité plus confortable.

L'idée du changement climatique est indéniablement importante, et son impact sur la planète et la vie humaine est d'une extrême pertinence. Cependant, l'exacerbation de la propagande sur ce sujet peut avoir des conséquences négatives.

Premièrement, la peur et l'anxiété engendrées par une exposition constante à la rhétorique du désastre environnemental peuvent avoir des effets néfastes sur la santé mentale des individus. Une préoccupation constante pour l'avenir de la planète et notre survie peut engendrer anxiété, dépression et stress, avec des conséquences néfastes pour la santé physique et mentale. Il semble presque qu'ils veulent faire somatiser aux gens une perception altérée des températures, préférant représenter les zones habituellement vertes en rouge feu, et allant jusqu'à des déclarations délirantes comme la récente "ère de l'ébullition", comme si nous étions sur le point de changer d'état, transformant nos liquides en gaz... et qui le dira au CO_2 ?

Deuxièmement, une propagande exagérée sur le changement climatique peut conduire à l'élaboration de politiques inefficaces et nuisibles. L'urgence de traiter le problème peut conduire à des décisions précipitées et mal conçues, avec des conséquences indésirables. Par exemple, l'introduction de restrictions environnementales peut entraîner une augmentation des coûts pour les entreprises et les consommateurs, créant du chômage et réduisant le pouvoir d'achat.

Troisièmement, la propagande sur le changement climatique peut également entraîner une polarisation politique et sociale. Les opinions sur le sujet peuvent devenir extrêmement polarisées, et une rhétorique agressive et divisionniste peut conduire à des conflits sociaux et politiques. La propagande peut également être instrumentalisée par des groupes d'intérêt cherchant à gagner du pouvoir et de l'influence sur une question d'actualité.

L'utilisation militarisée de la géo-ingénierie pourrait être une conséquence dangereuse de l'exacerbation de l'idée du changement climatique, car elle pourrait conduire à l'utilisation de technologies de manipulation du climat comme arme de guerre. De plus, la propagande exagérée sur le changement climatique pourrait conduire à une perception déformée de la réalité et à des actions inadéquates ou même contre-productives pour aborder le problème. En général, il est essentiel de conserver une compréhension équilibrée et informée du changement climatique et de ses implications, sans tomber dans l'exagération ou la désinformation.

Comme l'a rappelé le Président de la République, Sergio Matarella, dans son discours de fin d'année (2022) : *"nous sommes au milieu de transformations épiques qui changent le travail, les habitudes, les relations ainsi que les priorités de l'agenda public. La normalité que nous avons réussi à reconquérir, entourée de précautions et de mesures de surveillance sanitaire, est déjà différente de celle que nous connaissions, la normalité que nous poursuivons ne sera pas un retour au monde d'avant. La véritable défi est maintenant la relance, qui, pour être efficace, doit nous voir capables de profonds changements, changer nos modes de vie [...]"*. Des mots qui, écoutés ou lus attentivement, ne peuvent qu'inquiéter et nous faire comprendre comment la politique et les gouvernements successifs sont soumis à des pressions supranationales d'une force disproportionnée.

Il est évident que depuis le début de 2020, nous avons vécu le premier acte d'une représentation dramatique encore loin de son épilogue, avec le risque qu'à la fermeture du rideau, il ne reste que peu de ce que nous étions, un peu comme ce fut le cas avec le monde antique ou la révolution industrielle.

Préférant incarner la résistance plutôt que la résilience, nous devons nous engager à ralentir et à modifier l'agenda globaliste qui n'hésite pas à parler, sans véritable preuve scientifique, à la fois de changements climatiques et de surpopulation. Kamala Harris, lors d'une intervention en 2023, a laissé échapper la phrase sinistre "nous réduisons la population", recevant même des applaudissements. Elle oublie que les changements climatiques ont toujours existé et que notre influence sur le réchauffement global est négligeable. Chaque fois que l'humanité a prospéré, y compris en termes numériques, les plus grandes découvertes ont été faites, démontrant le potentiel humain en termes de progrès véritable, et non celui qui, dans sa hâte de progresser, serait prêt, de manière prométhéenne, à expérimenter sur l'homme pour le transformer et le modeler selon l'imagination perverse de certains individus pathologiques appartenant à des organisations qui, dans leurs salons, peuvent envisager l'avenir avec des fonds illimités, sans aucune perception de la réalité vécue par 99% de l'humanité, préférant une représentation fantasmatique générée dans le privilège cosmique de ces mêmes environnements.

Le projet en cours, décrit comme la "quatrième révolution industrielle", n'est pas une simple restructuration de la société, mais une démolition de chacun de ses aspects afin de pouvoir la reconstruire de zéro. Et ils semblent pressés de le faire, cette hâte incontrôlée qui les a inévitablement révélés dans leurs intentions, faisant tomber le masque de nombreux philanthropes voraces, y compris ceux qui lèvent les yeux vers le ciel en imaginant pouvoir obscurcir le Soleil.

"Les dirigeants totalitaires ont donc basé leur propagande sur le postulat psychologiquement correct que, dans de telles conditions, les gens pouvaient être amenés à accepter les mensonges les plus fantastiques et le lendemain, face à la preuve irréfutable de leur fausseté, déclarer qu'ils ont toujours su qu'il s'agissait d'un mensonge et admirer celui qui avait menti, car il démontrait une habileté tactique supérieure[25]".

SUR LA LIBERTÉ

Efforce-toi de penser, sinon je ne peux t'aider", une phrase qui s'est gravée dans mon esprit, prononcée par un sage ésotériste lorsque j'étais jeune et que je le bombardais de questions, ne pouvant souvent comprendre ses réponses.

La première question que je souhaite aborder est celle de la censure, qui prend une dimension sinistre et angoissante. Précisons que si nous avions vécu pendant la Seconde Guerre mondiale, nous nous serions tournés vers Radio Londres pour l'information, une entité autonome indépendante du pouvoir politique gérée par ce qui deviendrait la célèbre BBC, qui a cessé d'émettre en 1981 malgré de nombreuses protestations. Je ne m'attarderai pas sur la question anglo-saxonne et purement américaine où Démocrates et Républicains s'affrontent depuis des années sur la "cancel culture", utilisant à leur avantage des termes tels que "woke". Pour ceux intéressés par cette question, je vous renvoie à quelques articles publiés dans "il Post[26]". Je me contenterai d'aborder des questions continentales déjà assez délicates comme les problèmes liés au politiquement correct et à la pensée unique. Je tiens à préciser que, pour moi, les minorités doivent être respectées et défendues, mais je m'oppose à toute tentative de vengeance, d'effacement et de manipulation de la réalité et de l'histoire vérifiable. Je laisse la damnatio memoriae aux nostalgiques de l'ancienne Rome et du Sénat romain lorsqu'ils décidaient de punir sévèrement les traîtres.

Aujourd'hui, l'information libre, malgré toutes les réserves, est un concept qui n'existe plus. Nous naviguons entre la propagande mainstream et l'obsession guerrière anti-système. Chercher la vérité est une tâche ardue qui doit souvent privilégier le témoignage direct et vérifiable et la recherche de données avant de plonger dans le monde tortueux de la comparaison entre le mainstream et l'information anti-système. Cela pour vous faire comprendre la différence de force entre ces deux pôles.

Ces dernières années, nous avons été témoins de la censure répressive des réseaux sociaux, menée non seulement par des algorithmes, mais aussi par des cohortes de volontaires naïfs appelés "fact-checkers indépendants(?)", qui ne sont rien d'autre que des idiots utiles payés avec des pièces de monnaie par des organisations précises liées à certains "philanthropes" occidentaux bien connus. Cependant, ce type de censure a une dimension de dédain. Elle ressemble au caprice d'un enfant arrogant qui emporte le ballon si les équipes ne sont pas composées comme il le souhaite, c'est-à-dire de manière à ce qu'il gagne facilement tout en étant l'arbitre. La censure devient bien plus dangereuse lorsqu'elle s'étend pour frapper avec précision chirurgicale et violence dystopique. C'est ce qui s'est passé et continue de se produire, comme en témoigne la récente censure sur YouTube de l'endocrinologue Frajese, interviewé sur la chaîne TvVerità le 5 août 2023 (trois ans après la pandémie), alors qu'il abordait le sujet délicat de la commission d'enquête Covid. La vidéo a été retirée avec la motivation stérile habituelle de la violation des normes de la communauté. Une violation qui, lue différemment, est une prise de position pour garantir l'ignorance critique et l'incapacité de penser de manière autonome et indépendante du spectateur. Ils veulent que nous soyons alignés, homogénéisés et déjà pensés. Cependant, il existe un type de censure encore plus dangereux qui démasque complètement la façade démocratique de ce qui reste de l'Occident, pour révéler un totalitarisme visqueux qui n'a plus rien à voir avec le progrès de l'humanité et l'appartenance à l'humanité elle-même. Le progrès va dans le sens d'un remplacement, l'appartenance va dans le sens d'une spécification forcée qui veut réduire et modifier au profit d'une classe mince, élitaire et apparemment intouchable.

Ce type de censure, récemment condamné par Zuckerberg avec des larmes de crocodile comme une imposition des démocrates, a réduit au silence des milliers et des milliers de profils Facebook, avec des sanctions allant jusqu'à trois mois de blocage du compte, simplement pour avoir rapporté des témoignages, des articles ou des commentaires non alignés sur la pensée unique imposée, les présentant absurdement comme des mensonges même lorsqu'ils étaient vrais. Mais la censure a désormais atteint des niveaux de science-fiction et dystopiques : elle est allée jusqu'à geler les comptes bancaires de ceux qui ne s'alignent pas sur la pensée unique. Pour la première fois, nous avons vu cette pratique incivile et brutale mise en œuvre par un gouvernement au Canada lors des protestations des camionneurs opposés au tristement célèbre Green Pass, le Freedom Conviy, où près de 8 millions de dollars appartenant à 200 citoyens ont été bloqués, ainsi que les assurances de leurs camions et des véhicules utilisés lors de la protestation.

Lorsque les banques interviennent avec un excès de zèle, elles cherchent souvent à obtenir des scores sociaux et de gouvernance plus élevés auprès des groupes prétendant représenter des minorités opprimées. Ainsi, la censure illégale se déguise en « éthique d'entreprise ». Près de 90 000 citoyens au Royaume-Uni ont été classés par les banques comme « personnes politiquement exposées ». Le cas récent de Nigel Farage, du parti du Brexit, qui a vu son compte gelé en raison de ses positions jugées incompatibles avec la politique d'inclusivité de la banque, est emblématique. Une telle absurdité est d'autant plus dangereuse qu'elle peut toucher un politicien, alors imaginez ce qu'elle pourrait faire à un simple citoyen pour avoir une opinion non conforme. Au Royaume-Uni, on atteint désormais le chiffre alarmant de 1 000 fermetures de comptes par jour, comme l'a rapporté un article du journal La Verità du 6 août 2023 signé par Maddalena Loy. Imaginez les conséquences si l'argent liquide venait à disparaître.

Ces dernières années, nous avons été plongés au cœur d'une pandémie, avec des applications déjà prêtes à nous montrer la propagation du virus à travers le monde. Nous avons observé, sans vraiment vivre, des villes et des pays entiers en confinement pendant de longs mois, l'Italie étant l'un des principaux acteurs de ces mesures, tant scientifiques qu'antiscientifiques. Les gens ont mis leur vie entre parenthèses, perdant leur emploi, leur entreprise, et leurs relations. Les troubles mentaux, les troubles psychologiques et les suicides ont augmenté de manière significative. Beaucoup ont dû révolutionner leur vie, changer de travail, perdre leur famille et leurs proches. Ils ont dû tout recommencer, résistant courageusement à la folie propagée par le système.

La censure et la polarisation du discours semblent être devenues la norme. L'usage traditionnel du respect mutuel dans les débats a été supprimé, remplacé par des modes de pensée et de communication intolérants. Mais le plus inquiétant est que nous sommes sur le point de subir une transformation dangereuse de notre civilisation. Une transformation si profonde et arrogante qu'elle pourrait avoir des conséquences majeures, nous conduisant vers un monde dystopique. La plupart d'entre nous, vivant dans des sociétés démocratiques, sont nés libres, inconscients des sacrifices faits par les générations précédentes pour nous offrir cette liberté. Les sociétés démocratiques libérales ne sont certes pas parfaites, mais elles nous offrent une liberté précieuse. Ces libertés nous ont été transmises par des générations précédentes qui les ont arrachées des mains de monarques, de colonisateurs et de tyrans. Aujourd'hui, nous risquons de perdre cette liberté inestimable, soit par distraction, soit en la cédant sans résistance. Ces libertés, nous ne les avons pas méritées, elles nous ont été léguées par l'histoire et les générations précédentes.

Des générations ont arraché ces libertés des mains de monarques, de colonisateurs et de tyrans, grâce à des individus qui ont combattu et sont morts pour que nous puissions jouir des libertés que nous avons aujourd'hui et vivre la vie que nous choisissons. Aujourd'hui, nous sommes sur le point de perdre cette liberté inestimable, pour laquelle tant de combats ont été menés, alors que nous détournons notre regard, distraits par les illusions du monde, ou que nous la cédons sans résistance, sans en parler lors des dîners avec nos proches, sans même y réfléchir. On nous dit que nous n'avons pas le choix, que nous devons sauver le monde du changement climatique, de la surpopulation, des nouvelles pandémies, et que nous devons donc accepter les passeports vaccinaux pour retrouver un semblant de notre vie. Vous finirez par donner raison à ceux qui vous parlaient depuis des décennies de puces à implanter dans le corps, bien avant le célèbre présentateur Scotti à la télévision : les fameux "complotistes", toujours en avance de quelques années sur vous (non pas les paranoïaques, mais ceux qui étudient, qui recherchent, qui savent relier les événements et imaginer l'avenir face aux conséquences de certains projets et mises en œuvre). Il est parfois juste de les défendre, car sous cette étiquette se cachent des esprits brillants, et non seulement des extrémistes paranoïaques influencés par une propagande opposée à celle des médias dominants. Tout ce que la propagande nous impose de croire est absurde, ridicule et démentiel. À première vue, accepter les passeports vaccinaux dans notre vie quotidienne pourrait sembler un changement inoffensif et sans conséquences ; une petite nuisance à laquelle s'habituer, un peu comme nous avons accepté après 2001 d'être tous considérés comme de dangereux criminels dans les aéroports, nous habituant ainsi à simuler ce que nous pourrions vivre quotidiennement dans le nouveau monde dystopique technologique et d'urgence que nous avons goûté dans toute son amertume pendant la pandémie. Après tout, beaucoup d'entre nous sont déjà habitués à scanner des codes QR pour entrer dans des magasins ou des restaurants. Ne vous y trompez pas : l'adoption mondiale du passeport vaccinal n'est pas un changement anodin. C'est plutôt une inversion radicale de ce que signifie la liberté dans les sociétés démocratiques, et cela facilitera une restructuration radicale de notre civilisation. Nos libertés personnelles ne seront plus aussi étendues que nous en avons l'habitude. Ce qui restera de nos libertés sera limité à ce que nous sommes explicitement autorisés à faire, une autorisation déterminée par un système algorithmique médiatisé par l'écran de notre smartphone et confirmée par une coche verte à chaque fois. Laissez-moi insister sur ce point, car il est essentiel de le comprendre : aujourd'hui, nous sommes essentiellement libres de faire ce que nous voulons, à l'exception de ce qui est expressément interdit par la loi. Après l'introduction

84

des passeports vaccinaux, cette notion de liberté appartiendra à l'histoire et sera remplacée par un système complètement différent où nous ne serons autorisés à faire que ce pour quoi nous avons reçu une autorisation explicite : un peu comme ce qui se passe déjà en Chine avec le système de crédit social. C'est ce que je veux dire par inversion fondamentale de la notion de liberté. Ne pensez pas que c'est extrême, car nous l'avons vécu en 2020, où nous avons perdu l'état de droit pour nous retrouver dans un état d'exception du jour au lendemain. Tout cela, aussi en raison du risque toujours présent d'une prise de pouvoir par l'OMS, qui pourrait, d'ici mai 2024, avec l'accord inconscient des gouvernements, modifier le règlement sanitaire international et établir un nouveau contrat pandémique qui, de facto, ferait renoncer aux États membres à leur souveraineté en matière de politique sanitaire pour la confier au directeur de l'OMS et à un groupe restreint d'experts choisis arbitrairement. Ces messieurs pourraient alors décréter des urgences internationales et même locales, qui pourraient être mises en œuvre sur notre territoire même pour une simple grippe, imposant des mesures draconiennes et liberticides et pouvant également mettre en place une censure totale, car ils se proclameraient comme les seuls détenteurs de la vérité, à qui il incomberait de déterminer l'autorité scientifique des nouvelles diffusées. Il est inévitable de se sentir profondément préoccupé.

Si nous continuons à vivre comme des autruches, en enfouissant la tête dans le sable, en espérant la sagesse de notre classe politique actuelle et en nous laissant convaincre naïvement que tout est fait pour notre bien, il n'est pas difficile d'imaginer et de suspecter qu'un avenir sombre et menaçant est tout ce que l'horizon peut nous offrir. Durant le théâtre pandémique, nos libertés, autrefois inébranlables, sont devenues de simples privilèges, temporairement accordés à condition d'obéir. Puis-je aller au restaurant, à un concert ou à un événement sportif ici ? Puis-je utiliser ce bus, ce train ou ce taxi pour m'y rendre ? Puis-je entrer dans ce magasin, subir une chirurgie ou même trouver un emploi ? Notre participation à ces activités quotidiennes dépendra d'une autorisation qui pourrait être révoquée par nos smartphones. Ne doutez jamais que cela ne puisse vous être appliqué, même si vous avez déjà reçu vos doses pendant la pandémie. Plusieurs pays ont acheté des dizaines de millions de doses après 2021. Par exemple, l'Australie, un pays de moins de vingt-six millions d'habitants, a signé un contrat pour garantir 195 millions de doses supplémentaires. Nous parlons d'un rappel tous les six mois pendant les quatre années suivantes. Ainsi, dans quelques années, si vous êtes à deux jours de votre rappel pour la dernière version du COVID-19, ou pour une autre urgence sanitaire, vous pourriez ne plus pouvoir dîner avec vos amis dans votre restaurant préféré. En raison du contrôle numérique, ces privilèges vous seront automatiquement retirés, et ce n'est que le début, car les passeports vaccinaux sont destinés à devenir un piège. Le plan d'identité numérique, qui s'étendra progressivement à travers les plateformes sociales, est déjà en cours dans l'UE. Derrière cet aspect, qui sera présenté comme simple et avantageux, des scores seront appliqués à chaque aspect de notre vie, y compris des limites d'émission personnelle de CO_2. Avec le Green Pass, nous avons vu une simple coche verte ou une croix rouge indiquant l'autorisation d'inclusion ou d'exclusion dans la société. Avec le système de points, tout changera dramatiquement pour le pire. En cas de violation des règles, des points seront attribués pour des comportements qui soutiennent le gouvernement et les grandes entreprises, tandis que des points seront retirés pour des comportements contraires. Combien de fois avez-vous négligé de respecter l'obligation de garder une distance de 1,5 mètre avec les autres ? Combien de fois avez-vous quitté la zone imposée par la ville en 15 minutes au cours de la dernière année ? Combien de points vous seront retirés pour ce commentaire critique sur la politique du gouvernement ? Quelle est votre opinion sur la vidéo que vous avez partagée avec un ami et qui soulève des questions légitimes sur la narration officielle ? Vous découvrirez rapidement comment votre score social diminue et comment tous les services dont vous avez besoin pour votre vie seront réduits. Même si une telle vision semble extrême, en Chine, le système de crédit social existe déjà, interdisant l'accès au train à ceux qui ont un score inférieur à un certain niveau. Ne vous y trompez pas, tout cela, une fois lancé, se propagera comme une tache d'huile dans tout le monde occidental et sera introduit en secret à l'intérieur du cheval de Troie du tristement célèbre passeport vaccinal. Même si un tel monde peut sembler irréaliste, il suffit de nous rappeler ce que nous avons déjà vécu. Il est évident que le COVID-19 nous a déjà montré un monde où les règles de la liberté changent quotidiennement. La gestion des aéroports a changé après le 11 septembre 2001. Un simple enregistrement est devenu une simulation de vie de criminel international, avec une attitude stricte des agents, des files d'attente, des tourniquets, des itinéraires établis, des déshabillages et des habillages, et des contrôles technologiques approfondis, de l'empreinte digitale à l'iris de l'œil. Ils nous ont fait goûter à la société du futur, grâce à une "fenêtre d'Overton", et le premier goût durable a été le résultat des mesures démentielles et coercitives mises en place pendant la pandémie, lorsque la vie de check-in perpétuel est devenue la nouvelle norme. La suppression de la dissidence a déjà commencé (avec les ridicules fact-checkers et debunkers recrutés à bas prix par le WEF). Bien que cette vision de notre avenir proche soit déjà suffisamment bouleversante, la véritable puissance dystopique de ce plan ne devient apparente que lorsque nous intégrons l'identité numérique et le passeport vaccinal dans un contexte de haute technologie et dans le monde ultra-surveillé dans lequel nous vivons, destiné à une mise en œuvre à la fois externe et interne. Il est de notoriété publique que les géants technologiques observent et enregistrent toutes nos activités en ligne. Notre profil est minutieusement construit à partir de chaque article que nous partageons, chaque publicité sur laquelle nous cliquons, chaque vidéo que nous regardons ou chaque publication que nous aimons. Ces profils psychographiques contiennent une quantité phénoménale de données qui peuvent être utilisées non seulement pour déterminer quels produits nous souhaitons acheter, mais aussi pour influencer nos opinions politiques, nos croyances, nos motivations et nos peurs les plus profondes. On peut arguer que, avec autant de données, celui qui possède ces données dessine et contrôle le monde. Les algorithmes de l'IA, combinés à une puissance de calcul infinie, révèlent à Google, Facebook et Amazon plus que ce que nous savons de nous-mêmes, en dépit des traditions initiatiques millénaires et du "connais-toi toi-même" gravé sur le fronton du temple d'Apollon à Delphes.

De plus, après les révélations d'Edward Snowden sur la surveillance illégale et généralisée de la NSA aux États-Unis et de ses partenaires au Royaume-Uni, au Canada, en Australie et en Nouvelle-Zélande, la plupart des gens ignorent que les gouvernements collectent et stockent de nombreuses données sur leurs citoyens, y compris presque tous les messages texte, e-mails et appels téléphoniques. Chaque aspect de nos vies est surveillé, examiné et assemblé dans un profil, que ce soit dans le cadre de la sécurité nationale ou pour générer des profits pour les multinationales. Jusqu'à présent, notre relation désastreuse avec les géants de la technologie semblait se limiter à quelques suggestions de produits à acheter en ligne. Cependant, si nous permettons l'introduction du passeport vaccinal, tout cela changera et changera à jamais, car le passeport vaccinal et le système de crédit social se développeront rapidement. C'est le dernier obstacle à la mise en place d'une architecture de surveillance et de contrôle social. George Orwell nous a familiarisés avec les thèmes du contrôle et de la surveillance ; nous savons tous que le fait d'être surveillés nous pousse à suivre certaines règles et normes. Pensez aux caméras de surveillance routière, aux caméras de sécurité dans les magasins et les centres commerciaux, ou à celles qui surveillent les zones à trafic limité. Cependant, peu d'entre nous connaissent l'aspect disciplinaire de la surveillance, qui va bien au-delà d'une simple amende pour excès de vitesse. L'architecture de surveillance sert de punition pour la non-conformité. Jusqu'à présent, cette pièce manquait, mais le passeport vaccinal et l'identité numérique conduiront à une nouvelle société punitive basée sur une surveillance totale. Essayez de demander le renouvellement de votre carte d'identité en version papier plutôt qu'en version numérique : ce ne sera pas facile, même s'il n'y a pas encore d'obligation de choisir la version numérique (la persuasion précède toujours l'obligation). Un "totalitarisme clé en main" où l'infrastructure de surveillance pour un système totalitaire a déjà été construite autour de nous, mais n'a pas encore été activée. Bien que la machine soit prête, le bouton de démarrage n'a pas encore été enfoncé. Le passeport vaccinal est la dernière étape de cette infrastructure. Une fois ce bouton enfoncé, il n'y aura pas de retour en arrière. Une fois que nous permettons à cette partie critique de l'infrastructure d'entrer dans le système et que nous l'acceptons comme une norme dans notre vie, le sort en est jeté. Il n'y aura plus de place pour la dissidence ou le débat. Il n'y aura plus de place pour enfreindre les normes ou les comportements attendus. Lorsqu'il n'y aura plus de place pour le débat, les différences et la non-conformité disparaîtront, tout comme la possibilité pour nous tous de diriger ensemble nos sociétés dans la direction que nous souhaitons. Cette terrible machine de contrôle ne cessera jamais de fonctionner. Elle créera automatiquement des profils et des scores, surveillera nos comportements et, si nécessaire, nous punira.

Nous serons toujours sous le contrôle de ceux qui ont mis en marche cette machine, de ceux qui décideront, par le biais d'un algorithme, de nous donner le feu vert ou la croix rouge du refus, de décider si nous devons être inclus dans la société ou relégués aux marges précaires de l'existence. Si nous permettons que cela se produise, cela correspondra à ce qu'Aldous Huxley a défini comme la dernière révolution. Il n'y aura pas de retour en arrière. La liberté que nous avons connue toute notre vie, et pour de nombreuses générations avant nous, sera éteinte à jamais, sauf pour quelques privilégiés, au sommet de la pyramide, d'où ils peuvent anticiper ce que ceux d'en bas ne savent même pas qu'ils rencontreront sur leur chemin. Avec le temps, peut-être en quelques générations, nous serons tellement conditionnés par le regard constant de la surveillance et par les récompenses et punitions que le système nous donnera automatiquement, que nous nous y conformerons. Nous nous contrôlerons, nous nous censurerons, et nous serons soumis. La liberté dont nous jouissons aujourd'hui, voire la même idée de liberté telle que nous la concevons aujourd'hui, deviendra impensable pour nos enfants et toutes les générations futures. Sous le couvert de la Covid-19, sans véritables débats et discussions, mais avec l'obligation déguisée en menace et la tromperie du consentement éclairé, nous sommes sur le point de permettre l'instauration d'un nouveau monde totalitaire basé sur la surveillance, l'obéissance et le contrôle total, accueilli par beaucoup, au nom de la lutte contre le virus aujourd'hui ou de l'urgence climatique, une guerre ou une nouvelle pandémie demain. Il est facile de penser que ceux d'entre nous qui vivent dans le monde hautement technologique et médiatisé d'aujourd'hui sont trop informés et trop intelligents pour être dupés de la sorte. Oui, dans le passé, les peuples sont tombés sous le charme des totalitarismes, mais sommes-nous vraiment trop sophistiqués aujourd'hui pour retomber dans le même piège ? En êtes-vous si sûr ? Regardez autour de vous... Observez la censure. Je n'oublierai jamais d'avoir été bloqué pendant des mois sur Facebook pour avoir partagé mes réflexions critiques et des informations qui, quelques mois plus tard, se sont avérées vraies. Voyez à quel point il est difficile de s'écarter du récit approuvé par les médias dominants. Voyez comment la peur a été utilisée pour nous enfermer et nous contrôler. Voyez comment nous avons été divisés sur les questions des masques, des vaccins, des confinements. Voyez la mentalité de groupe qui a commencé à se former. Voyez où nous en sommes après seulement deux ans. Lorsque nous retirons les œillères ou lorsque nous sortons la tête du sable où elle a été enfouie trop longtemps, la propagande et le contrôle deviennent trop évidents. Tout est clairement visible pour ceux qui veulent le voir. Étant donné la gravité de ce que je dis, je vous demande de prendre un moment pour réfléchir. La torche de la liberté qui nous a été transmise à notre naissance a été passée de génération en génération, souvent au prix du sang. La flamme de cette torche a été maintenue en vie par les mains qui l'ont portée. Ceux d'entre nous qui ont la chance de vivre dans des sociétés démocratiques sont ceux qui portent cette torche aujourd'hui. Imaginez-vous regarder dans les yeux vos parents, vos grands-parents et toutes les générations avant eux, à travers le temps. Pensez à ceux qui ont donné leur vie pour que nous puissions être libres, qui ont combattu, manifesté, agi, qui ont affronté des despotes, des envahisseurs, des dictateurs, pour que nous et nos descendants puissions jouir de la liberté. Voulez-vous vraiment les regarder dans les yeux et leur dire que vous avez laissé cette torche s'éteindre à jamais à cause de la peur d'un virus ? Que vous avez laissé cette flamme vitale s'éteindre parce que vous avez été terrorisés par les médias dominants, parce que vous étiez trop paresseux, trop naïfs et trop faciles à manipuler pour résister, pour tenir bon et maintenir cette flamme en vie ?

Imaginez-vous dans le futur, face à vos enfants et petits-enfants, et à toutes les générations qui suivront la nôtre. Regardez-les dans les yeux et dites-leur que le don de la liberté nous a été transmis, mais que nous avons permis qu'il nous soit enlevé, et donc, par conséquent, qu'il leur soit également enlevé, parce que nous n'avons pas reconnu le tour que l'on nous jouait, et si certains d'entre nous l'ont reconnu, nous n'avons pas levé le petit doigt pour empêcher que nous soyons dupés. Percevez-vous l'immense responsabilité qui pèse sur nos épaules ? Comment nos descendants nous jugeront-ils, sachant que nous étions parmi ceux qui n'ont rien fait, qui ont passivement subi les confinements, se contentant du canapé et de la télévision à la maison, pendant que le précieux don de la liberté, à travers la manipulation et la tromperie, était volé à nous et à toutes les générations futures ? Peu importe d'où nous venons sur l'échiquier politique, ce que nous pensons des masques, des vaccins et des confinements, ou même si nous sommes riches ou pauvres, ou membres de l'armée ou de la police. Nous pouvons être en désaccord sur de nombreux points, mais nous pouvons certainement convenir que la liberté que nous avons aujourd'hui est le don le plus précieux que nous ayons reçu, et qu'elle doit être protégée, nourrie et défendue à tout prix pour les générations futures. Il devrait être clair pour tous maintenant que le passeport vaccinal, le Covid Pass, le Green Pass, ou quel que soit le nom qu'ils ont choisi de lui donner et comment ils décideront de le réutiliser sous un autre nom, revêtu de nouveaux mensonges séduisants, n'a absolument rien à voir avec notre santé et notre sécurité. Et, quelle que soit la manière dont il nous est présenté, sa mise en œuvre globale n'est pas l'outil qui nous permettra de retrouver notre vie d'avant. En réalité, c'est le contraire : le passeport vaccinal est l'outil parfait pour créer un nouveau type de société surveillée et contrôlée, sans précédent dans l'histoire. Ainsi, en aucune circonstance, quelle que soit la pression exercée sur nous, nous ne devons pas permettre l'introduction du passeport vaccinal. Ne vous y trompez pas. Nous sommes à un moment critique de l'histoire. L'importance de ce qui est en jeu ne peut être ni surestimée ni sous-estimée. Nous devons rester unis, reconnaissant le danger imminent qui nous entoure. Nous sommes nés libres et souverains, et nous devons le rester, toujours. Nous sommes une grande famille humaine, indépendamment de la foi, de la couleur, de la nationalité et de la culture. Il est temps de dire stop. Assez, c'est assez. Nous avons compris le jeu sale et nous ne laisserons personne nous priver de notre liberté. La torche de la liberté ne s'éteindra pas. Ni maintenant, ni jamais, pas tant que nous sommes là pour la garder en vie. Il est temps de la défendre pour nos enfants et les générations futures, en les mettant immédiatement en garde. Il est temps de raviver cette flamme et de la transmettre, intacte et renforcée, à toutes les générations qui nous suivront. Nous sommes définis par nos actions, pas seulement par nos paroles. Alors, résistez et agissez. Préparez-vous pour l'avenir, soyez prêts à répondre immédiatement aux prochaines tromperies.

Ce n'était pas de l'incompétence, ce n'était pas une erreur, ce n'était pas une illusion générale ou une hystérie de masse. L'Organisation mondiale de la santé nous a avertis que l'ère pandémique durera une décennie et que, selon ces messieurs, nous devrons faire face à l'émergence de plusieurs maladies infectieuses pendant cette période. Bill Gates et Biden ont réitéré la même chose en parlant ouvertement d'une seconde pandémie. Il y a un rapport sur la pandémie SPARS entre 2025 et 2028, publié par des chercheurs associés au Johns Hopkins Center for Health Security. Ce scénario pandémique a été créé pour discuter de la situation fictive d'une pandémie pendant ces trois années. Jusqu'à présent, nous avons vécu le Covid en 20-21-22, puis nous avons eu la variole des singes, les menaces de Marburg, et tout cela présage une nouvelle alarme pour une nouvelle pandémie. Ce rapport vise à aider les gouvernements à surmonter la résistance des citoyens à accepter les traitements médicaux et les vaccins - ou les thérapies géniques - qui seront imposés. N'oublions pas que le rapport de la Fondation Rockefeller de 2010 avait prédit de nombreux aspects de la pandémie de 2020, à commencer par le confinement. De plus, quatre futurs possibles avaient été prévus par les chercheurs, et ils ont fait de même avec la pandémie Spars dans le rapport mentionné ci-dessus. Tout cela ne peut que nous alarmer, compte tenu de la possibilité qu'après 2024, nous puissions être frappés par une nouvelle pandémie et tout le cirque d'horreurs qui en découlera. Alors, nous comprendrons vraiment le destin de cette flamme dans la torche que nous tenons fermement dans nos mains et que nous devrons un jour passer à d'autres. Tout dépendra de notre réaction.

"Efforcez-vous de penser, sinon je ne peux pas vous aider."

Je conclus ce chapitre par une citation, celle de la fin d'un discours sur la liberté, de Krishnamurti[28].

"La véritable liberté, la grandeur de la liberté et son immensité, la dignité, la beauté, se manifestent lorsque l'on est en harmonie avec soi-même et qu'il y a un ordre complet, et cet ordre n'est atteint que lorsque nous sommes authentiques avec nous-mêmes."

SYNTHÈSE HISTORIQUE DE LA PHILOSOPHIE POLITIQUE

Pour tenter de comprendre la transformation en cours du monde, il est nécessaire de fournir un cadre historique et critique de la philosophie politique occidentale[29], des origines à nos jours, de l'Antiquité à la modernité, jusqu'à l'époque actuelle et aux questions concernant le futur proche.

Platon, philosophe grec du IVe siècle av. J.-C., a décrit son image de la cité idéale dans l'œuvre "La République". Platon croyait que la cité idéale devait être gouvernée par des philosophes possédant connaissance et sagesse. Cette cité idéale était divisée en trois classes sociales : les gardiens, les guerriers et les producteurs. Les gardiens, représentant la classe dirigeante, étaient choisis pour leur vertu, leur sagesse et leur capacité à gouverner. Les guerriers, représentant la classe militaire, devaient être courageux et disciplinés. Les producteurs, représentant la classe ouvrière, devaient être laborieux et productifs.

Platon pensait que la cité idéale devait être fondée sur des principes de justice et d'harmonie. Ces principes se manifesteraient à travers l'organisation sociale et politique de la cité, ainsi que par l'éducation de ses citoyens. Pour Platon, l'éducation était un aspect crucial de la vie dans la cité idéale. Les jeunes devaient être formés pour devenir des citoyens vertueux, dotés de connaissance, de sagesse et de compétences pratiques.

La cité idéale de Platon était également caractérisée par une forte cohésion sociale. Les citoyens devaient être unis par un sentiment de solidarité et de communauté, et les conflits sociaux seraient résolus par la médiation et le dialogue.

"Le Politique" et "Les Lois" sont deux autres œuvres de Platon traitant de politique et d'organisation sociale. Dans "Le Politique", Platon aborde la question de la connaissance et de la compétence des dirigeants. Il soutient que le dirigeant idéal devrait avoir une vaste connaissance des sciences politiques, des arts et des sciences en général. De plus, ce dirigeant devrait être capable d'appliquer cette connaissance dans la pratique politique, s'adaptant aux circonstances et aux besoins du moment.

Dans "Les Lois", Platon développe davantage sa théorie politique, offrant une vision détaillée de l'organisation sociale idéale. Il soutient que la loi est l'élément fondamental de l'organisation sociale et qu'elle doit être basée sur la raison et la vertu. La loi doit être juste et harmonieuse et réguler tous les aspects de la vie communautaire, des relations économiques aux relations familiales.

Dans les deux œuvres, Platon soutient que le gouvernement idéal doit être dirigé par des individus vertueux, dotés de connaissance et de sagesse, capables d'assurer le bien-être et la justice de la communauté. Il croit également que l'organisation sociale doit être basée sur la vertu et la raison, avec la loi comme élément central de la vie communautaire.

L'héritage de Platon est vaste et influent, ayant eu un impact significatif sur la philosophie, la politique, l'éthique et la religion. En philosophie, il est reconnu pour sa théorie des Idées ou Formes, postulant l'existence d'une réalité transcendante et immuable au-delà du monde sensible. En politique, il a offert une vision de l'organisation sociale idéale, basée sur l'éducation, la solidarité et la vertu de ses citoyens. En éthique, il a soutenu que la vertu est le bien suprême et que la connaissance est nécessaire pour atteindre cette vertu. Enfin, en religion, il a proposé une théologie affirmant l'existence d'un dieu suprême, créateur de l'univers, et d'une hiérarchie divine d'êtres intermédiaires entre ce dieu suprême et les êtres humains.

L'influence de Platon a été durable, et sa pensée a continué à influencer la philosophie, la politique, l'éthique et la religion à travers les siècles. Son idée d'une réalité trascendente a fortement influencé la philosophie chrétienne et médiévale, tandis que sa vision de l'organisation sociale idéale a influencé la pensée politique utopique et idéologique.

Aristote, philosophe grec du IVe siècle av. J.-C., a proposé une théorie sur l'origine des polis (cités-états grecques) dans son ouvrage "Politique". Selon lui, les polis ont émergé de la nécessité de l'autodéfense et de la coopération économique. À l'origine, les individus vivaient dans de petits établissements ruraux. Cependant, face à la croissance démographique et aux dangers environnants, ils ont commencé à se regrouper en communautés plus vastes pour assurer leur sécurité. De plus, Aristote avance que l'émergence des polis est également due à la nécessité de coopération économique. Les petites communautés rurales ne pouvaient produire qu'une quantité limitée de biens. En revanche, les grandes polis pouvaient se spécialiser dans la production de divers biens et échanger entre elles. Cette coopération économique a conduit à la formation de cités-états plus grandes et plus complexes.

Aristote considère également que les polis ont émergé en réponse à la nature sociale de l'homme. L'homme est un animal social, ayant besoin de vivre en communauté pour répondre à ses besoins émotionnels et sociaux. Les polis fournissent un cadre social où les individus peuvent interagir, coopérer et même entrer en compétition. Cet environnement a conduit à la mise en place d'institutions politiques et juridiques pour réguler les relations au sein de la communauté.

En somme, pour Aristote, les polis ont émergé de la nécessité d'autodéfense, de coopération économique, et de la nature sociale de l'homme. Leur formation a conduit à la création de communautés plus vastes et complexes, dotées d'institutions politiques et juridiques pour réguler les relations entre leurs membres.

Dans son travail "Politique", Aristote explore les fondements anthropologiques de la vie politique et développe une théorie de la nature humaine qui justifie la nécessité de la vie politique. Selon lui, les êtres humains sont par nature des animaux politiques, car ils ont la capacité de raisonner et de communiquer. La vie politique est donc une extension naturelle de la vie sociale humaine, permettant aux individus de coopérer et de vivre ensemble harmonieusement.

Aristote soutient également que la vie politique est nécessaire pour répondre aux besoins et aspirations des êtres humains. Les individus ne peuvent satisfaire tous leurs besoins seuls; ils ont besoin des autres pour atteindre le bonheur et le bien-être. La vie politique offre un cadre où les individus peuvent collaborer pour atteindre ces objectifs.

Il croyait aussi que la vie politique était une manifestation de la nature humaine, car elle repose sur la vertu et la justice. La vertu est la capacité de choisir le bien et d'agir moralement, tandis que la justice est la capacité de distribuer équitablement les ressources et les avantages au sein de la communauté.

Pour Aristote, la politique était intrinsèquement liée à l'éthique. Les décisions politiques doivent être fondées sur la vertu et la justice. La politique est donc perçue comme un moyen de promouvoir le bien commun et le bonheur des citoyens.

En résumé, pour Aristote, la politique et l'anthropologie étaient étroitement liées. La nature humaine est le fondement de la vie politique, et la politique est un moyen de répondre aux besoins et aspirations des êtres humains. Elle est une manifestation de la vertu et de la justice, et doit être basée sur l'éthique pour promouvoir le bien commun et le bonheur des citoyens.

Concernant l'égalité, Aristote croyait que tous les êtres humains étaient égaux en tant qu'êtres rationnels. Cependant, il reconnaissait que les gens étaient naturellement différents en termes de capacités et de talents. Pour lui, l'égalité ne signifiait pas que tous avaient les mêmes droits et opportunités, mais qu'ils devaient être traités équitablement selon leurs capacités et besoins.

En ce qui concerne la citoyenneté, Aristote estimait qu'elle devait être réservée à ceux qui participaient activement à la vie politique de la communauté. Les citoyens devaient s'engager directement dans les décisions politiques et exercer leur pouvoir politique de manière responsable et vertueuse.

De plus, pour Aristote, la citoyenneté exigeait également la vertu et la justice. Il croyait que les citoyens devaient être empreints de vertu et de justice, car seuls des citoyens vertueux et justes pourraient participer activement à la vie politique et contribuer au bien commun de la communauté.

Selon Aristote, il existait trois formes de gouvernement "légitimes" et trois formes "corrompues", basées sur son analyse des formes de gouvernement présentes dans la Grèce antique.

Les trois formes de gouvernement "légitimes" étaient :

Monarchie : où un seul individu gouverne, mais dans le respect de la loi et de la justice, en tenant compte des intérêts du peuple.

Aristocratie : où une élite choisie gouverne, mais basée sur la vertu et la justice, en tenant compte des intérêts de toute la communauté.

Démocratie : où le peuple gouverne directement ou par l'intermédiaire de représentants élus, mais toujours basée sur la vertu et la justice, en tenant compte des intérêts de toute la communauté.

Les trois formes de gouvernement "corrompues" étaient :

Tyrannie : où un seul individu gouverne avec un pouvoir absolu, sans égard pour la loi ou la justice, agissant uniquement dans son propre intérêt.

Oligarchie : où une élite choisie gouverne, mais basée sur la richesse ou la force, agissant uniquement pour ses propres intérêts.

Oclocratie : où la foule gouverne de manière arbitraire et violente, sans égard pour la vertu ou la justice.

Pour Aristote, la forme idéale de gouvernement dépendait des caractéristiques de la communauté politique et de ses besoins. Par exemple, une monarchie pourrait convenir à une petite communauté homogène, tandis qu'une démocratie serait plus appropriée pour une communauté plus grande et complexe.

Il soulignait également l'importance de la vertu et de la justice comme principes fondamentaux de toute forme de gouvernement légitime. Ces principes garantissaient que le gouvernement agirait dans l'intérêt de la communauté politique dans son ensemble, plutôt qu'en faveur de groupes d'intérêt particuliers ou d'individus isolés.

Pour Aristote, la justice et l'amitié étaient deux concepts essentiels de l'éthique et de la vie politique. Concernant la justice, il la considérait comme une vertu fondamentale nécessaire à une vie bonne et heureuse. Elle impliquait d'agir équitablement et de distribuer équitablement les ressources et les avantages au sein de la communauté. Il distinguait également différentes formes de justice, comme la justice distributive et la justice corrective.

Quant à l'amitié, Aristote la voyait comme une vertu essentielle pour une vie heureuse. Elle reposait sur la réciprocité des sentiments et le partage d'intérêts et de valeurs. Il distinguait également différentes formes d'amitié, telles que l'amitié basée sur l'utilité, l'amitié basée sur le plaisir, et l'amitié parfaite.

En ce qui concerne la démocratie, Aristote distinguait entre la démocratie directe et la démocratie représentative. Il considérait que la démocratie directe était vulnérable à la manipulation par les démagogues, tandis que la démocratie représentative offrait une forme de gouvernement plus stable.

De plus, Aristote faisait une distinction entre la démocratie légitime et la démocratie "déviante". La démocratie légitime reposait sur la vertu et la justice, garantissant que les décisions soient prises dans l'intérêt de l'ensemble de la communauté politique. La démocratie "déviante", en revanche, était fondée sur la passion et la violence, ne se préoccupant que des intérêts de groupes spécifiques.

Enfin, Aristote soulignait l'importance de la surveillance des lois et des institutions pour prévenir les abus de pouvoir en démocratie. Une démocratie légitime exigeait le respect des lois et des institutions solides et impartiales, garantissant que les décisions soient prises équitablement et justement.

La théorie aristotélicienne du droit naturel a eu une influence durable sur la philosophie politique et juridique européenne, et a été appliquée à de nombreuses questions éthiques et politiques de son époque, y compris la question des Indes.

John Mair, théologien et philosophe écossais de l'Université de Paris au XVIe siècle, a appliqué la théorie aristotélicienne du droit naturel à la question des Indes dans une série d'écrits. Il soutenait que les peuples des Indes avaient un droit naturel à se gouverner eux-mêmes, sans l'intervention des conquérants européens, car le droit naturel garantissait la liberté et l'autonomie des peuples.

De plus, la théorie aristotélicienne du droit naturel a joué un rôle clé dans l'émergence des droits de l'homme et dans la critique de la barbarie. Des écrivains du XVIIIe siècle tels que John Locke, **Jean-Jacques Rousseau et Immanuel Kant**, s'appuyant sur la théorie aristotélicienne du droit naturel, ont soutenu que les êtres humains possédaient des droits naturels inaliénables, tels que la vie, la liberté et la propriété, qui devaient être respectés par toute forme de gouvernement ou d'autorité. Cela a contribué à la propagation d'un nouveau type de jusnaturalisme centré sur les droits de l'homme et la dignité individuelle.

Le concept de droit naturel a une longue histoire dans la philosophie occidentale et a été l'un des principaux outils utilisés pour défendre les droits de l'homme et la dignité individuelle. Selon cette théorie, il existe des droits inhérents à la nature humaine, découlant de la raison et de la dignité intrinsèque de l'être humain. Ces droits sont universels et inaliénables, et doivent être reconnus et respectés par toute forme de gouvernement ou d'autorité.

La découverte de l'Autre, c'est-à-dire la découverte de cultures et de peuples différents, a posé un défi majeur à la théorie du droit naturel. Cela a remis en question la présomption que les droits de l'homme étaient universels et naturels, soulevant le problème de la relativité culturelle et de la diversité humaine.

Cependant, la découverte de l'Autre a également offert une nouvelle opportunité à la théorie du droit naturel. Elle a conduit à une prise de conscience accrue de la dignité individuelle et de son importance dans la société, contribuant à la diffusion d'un nouveau type de jusnaturalisme centré sur les droits de l'homme et la dignité individuelle.

Ce nouveau jusnaturalisme a joué un rôle crucial dans l'émergence des droits de l'homme, en particulier pendant les Lumières et la Révolution française. Des écrivains tels que Locke, Rousseau et Kant ont fondé leurs théories sur la dignité individuelle et son autonomie, réaffirmant le concept de droit naturel.

Cependant, la théorie du droit naturel a également été critiquée pour sa présomption d'universalité et son incapacité à traiter de la diversité culturelle et de la complexité des questions éthiques et politiques. La déconstruction de la barbarie a été une critique majeure de la théorie du droit naturel, remettant en question la présomption d'une essence humaine universelle et son utilisation comme fondement de la moralité et de la politique.

Niccolò Machiavelli est l'une des figures les plus emblématiques de la pensée politique de l'histoire, et son œuvre la plus renommée, "Le Prince", a profondément influencé la philosophie politique et la théorie du pouvoir.

Machiavelli était convaincu que la politique devait être proactive, c'est-à-dire que le pouvoir devait être exercé de manière directe et résolue, plutôt que d'être délégué ou exercé par des intermédiaires. Pour lui, l'objectif ultime de la politique était la préservation et l'accroissement du pouvoir de l'État, et cet objectif devait être atteint par tous les moyens nécessaires.

Il est célèbre pour sa doctrine du "raisonnement d'État", selon laquelle le pouvoir doit être exercé rationnellement et sans compromis. Selon Machiavelli, l'État devait être dirigé par un prince capable de maintenir son autorité par la force et la persuasion, et prêt à faire ce qui était nécessaire pour atteindre ses objectifs politiques.

Il a également adopté une vision réaliste de la politique, affirmant que le pouvoir et la politique étaient intrinsèquement liés à la nature humaine, souvent égoïste et imprévisible. Il a donc rejeté une vision idéaliste de la politique au profit d'une perspective pragmatique et réaliste, influençant de nombreux penseurs politiques ultérieurs.

Pour Machiavelli, politique et temps étaient intimement liés. Il soutenait que la politique devait être réactive aux changements et défis du temps, et que les dirigeants politiques devaient être capables de s'adapter aux nouvelles situations.

Il croyait que les situations politiques étaient souvent incertaines et changeantes, et que les dirigeants devaient être capables d'anticiper et de prévoir ces changements, agissant en conséquence pour préserver le pouvoir et maintenir l'autorité.

De plus, Machiavelli soulignait l'importance de l'opportunité en politique. Il pensait que les dirigeants devaient être prêts à saisir les opportunités lorsqu'elles se présentaient, même si cela signifiait agir à l'encontre des normes et conventions établies.

Il a également mis l'accent sur la nécessité d'anticiper et de prévenir les menaces à la stabilité de l'État. Il suggérait que les dirigeants devaient agir de manière proactive pour prévenir les crises et les révoltes, plutôt que d'attendre qu'elles se produisent.

Machiavelli a élaboré une vision réaliste de la nature humaine, qui a profondément influencé sa théorie politique. Selon lui, les hommes sont mus par des appétits et des passions, et sont enclins au mal et à l'égoïsme. La politique doit donc tenir compte de cette nature humaine, plutôt que d'essayer de l'ignorer ou de la réprimer.

Il soutenait que les hommes sont insatiables dans leurs ambitions et désirs, et qu'ils ne sont jamais pleinement satisfaits. Cette insatiabilité peut conduire à un désir constant de pouvoir et de biens matériels, source d'instabilité politique et sociale.

De plus, Machiavelli a introduit le concept de "mécontentement", se référant à la tendance humaine à être insatisfait même lorsqu'on a tout ce que l'on désire. Ce mécontentement peut conduire à des tensions et des conflits politiques, et peut saper la stabilité de l'État.

Selon lui, la politique doit donc prendre en compte la nature humaine et ses tendances, et trouver des moyens de canaliser et de gérer les appétits et les passions des hommes. Elle doit également chercher à prévenir le mécontentement, en créant une société stable et juste qui répond aux besoins et désirs des citoyens.

Machiavelli a développé une vision critique de la religion et de son rôle dans la politique. Il pensait que la religion des anciens, basée sur des croyances et des pratiques remontant à l'Antiquité classique, n'était plus adaptée au monde moderne.

Selon lui, la religion des anciens était centrée sur la vertu, l'honneur et la loyauté envers la patrie, et promouvait une forme de vertuosité et d'héroïsme inadaptée à la politique moderne. De plus, cette religion reposait sur des croyances et des pratiques incompatibles avec la science moderne et la raison.

Machiavelli a donc proposé une nouvelle forme de religion, basée sur la raison et la vertu, plus adaptée au monde moderne. Cette nouvelle religion serait fondée sur un déisme où Dieu serait perçu comme un créateur et un législateur ayant établi les lois de l'univers et de la morale, mais n'intervenant pas directement dans la vie des hommes.

Selon lui, cette nouvelle religion devrait promouvoir la vertu et la morale, tout en étant compatible avec la science moderne et la raison. Cela permettrait de créer une société stable et juste, capable de relever les défis de la modernité.

Machiavelli a élaboré une théorie politique fondée sur la création d'un "corps mixte" au sein de la cité, combinant des éléments aristocratiques et démocratiques pour assurer la stabilité et la prospérité de l'État.

Selon Machiavelli, ce corps mixte était composé de trois parties : les grands, le peuple et les magistrats. Les grands représentaient la classe aristocratique, le peuple englobait les citoyens ordinaires, et les magistrats étaient les représentants de l'autorité étatique. Ces trois entités devaient collaborer pour maintenir l'équilibre et la stabilité de l'État.

Machiavelli avançait que ce corps mixte permettait d'éviter une concentration excessive du pouvoir entre les mains d'une seule classe sociale, susceptible d'entraîner une instabilité politique et sociale. De plus, le corps mixte pouvait refléter les divers besoins et perspectives de la société, garantissant ainsi que tous les citoyens aient une voix en matière politique.

Machiavelli a également introduit le concept d'"anatomie de la cité" pour décrire comment le corps mixte fonctionnait en pratique. Il soutenait que la cité était composée de "membres" ayant des rôles et fonctions spécifiques au sein du corps mixte. Par exemple, les grands étaient chargés de protéger la cité, les magistrats de faire respecter les lois et de gérer les finances, et le peuple de soutenir l'économie et de défendre la cité en cas d'attaque.

Pour Machiavelli, la politique devait être envisagée en termes de fondation et de refondation, où les hommes créent et restructurent constamment leur réalité politique. Il croyait que les fondateurs d'un État devaient être capables de construire une société stable et prospère, mais que les refondateurs devaient être capables de restructurer une société corrompue ou décadente.

De plus, Machiavelli soutenait que le principat était la forme de gouvernement la plus adaptée pour garantir la stabilité et la prospérité de l'État. Le principat, selon lui, était un système où un individu unique, le prince, détenait un pouvoir absolu et avait la responsabilité de maintenir l'ordre et la justice dans la société.

Il croyait que le prince devait être capable de s'adapter aux circonstances et aux défis politiques, utilisant la force et la persuasion pour conserver son autorité. De plus, le prince devait être perçu comme un leader charismatique et vertueux, capable d'inspirer la loyauté et la dévotion de ses sujets.

Machiavelli a également souligné l'importance de l'équilibre des pouvoirs et de la limitation du pouvoir du prince. Il estimait que le prince devait éviter de devenir trop puissant ou d'être perçu comme un tyran, au risque de perdre la loyauté de ses sujets et d'être renversé.

Il a comparé les républiques antiques à celles des temps modernes, arguant que les républiques modernes étaient plus difficiles à gérer que celles des antiques. Selon lui, les républiques antiques pouvaient maintenir la stabilité et la justice car les citoyens avaient un fort sentiment de loyauté et d'obéissance envers les lois et les institutions. En revanche, les républiques modernes étaient plus complexes à gérer, en raison de divisions internes et d'intérêts divergents.

Machiavelli soutenait que la solution à ce problème résidait dans la mise en place d'un système de gouvernement fort et centralisé, capable de relever efficacement les défis de la politique moderne. En particulier, il considérait le principat comme la forme de gouvernement la plus adaptée aux républiques modernes, car il garantissait un système solide et stable, dirigé par un leader charismatique et vertueux.

Le "double regard" de Machiavelli fait référence à sa capacité d'analyser la politique à la fois d'un point de vue théorique et pratique. D'une part, il a élaboré une théorie politique complexe, influençant la politique moderne et la science politique. D'autre part, grâce à son expérience en tant que diplomate et gouverneur, il a pu aborder la politique d'une manière pragmatique et concrète.

Machiavelli a su fusionner ces deux perspectives pour offrir une analyse singulière de la politique. Il a employé la théorie politique pour saisir les principes fondamentaux de la politique et du leadership, tout en utilisant l'expérience pratique pour appréhender les défis et opportunités spécifiques de chaque situation politique.

Cette double approche a permis à Machiavelli d'élaborer une vision à la fois réaliste et pragmatique de la politique, qui ne se cantonnait pas à la théorie, mais s'appuyait sur une expérience tangible et une compréhension de la nature humaine. Sa conception de la politique comme un art fondé sur la prudence et la vertu, et sa capacité à appliquer cette vision à la réalité politique, ont fait de Machiavelli l'un des penseurs politiques les plus influents de l'histoire.

Machiavelli a développé une vision ambivalente de la politique, reconnaissant à la fois son importance et ses limites. D'une part, il considérait la politique comme un art noble, capable d'instaurer ordre et stabilité dans la société et d'assurer le bien-être des citoyens. D'autre part, il admettait que la politique était souvent marquée par la corruption, la violence et la lutte pour le pouvoir, où les individus poursuivaient souvent leurs intérêts personnels au détriment du bien commun.

De plus, Machiavelli estimait que les limites de la politique étaient définies par la nature humaine elle-même. Il observait que les hommes étaient naturellement égoïstes et avides de pouvoir, des traits qui pouvaient souvent conduire à la corruption et à la violence. Il soulignait également que la politique était influencée par des circonstances et des situations contingentes, rendant difficile l'établissement d'une société stable et équitable.

Néanmoins, malgré ces contraintes, Machiavelli affirmait que la politique demeurait un art noble et indispensable. Il reconnaissait sa complexité, mais soutenait qu'il existait toujours une possibilité d'établir un ordre stable et juste dans la société. Il mettait en avant l'importance de la vertu et de la prudence en politique, comme moyens d'aborder efficacement les défis et opportunités politiques. Machiavelli est souvent perçu comme l'un des penseurs les plus influents de la modernité, car sa vision de la politique a préfiguré nombre d'idées caractéristiques de la politique moderne.

En particulier, il a élaboré une vision réaliste et pragmatique de la politique, fondée sur l'expérience concrète et la compréhension de la nature humaine. Il a mis en avant la primauté de la force et de la persuasion en politique, et soutenait que les dirigeants devaient s'adapter aux circonstances et défis politiques, en utilisant la vertu et la prudence pour préserver le pouvoir et la stabilité de l'État.

De plus, Machiavelli a rejeté la conception traditionnelle de la politique, la considérant non pas comme une activité morale ou religieuse, mais comme une activité séculière, distincte de la morale et de la religion, et guidée par la raison et la prudence.

Enfin, Machiavelli a souligné l'importance de la liberté et de la participation citoyenne en politique. Il préconisait une politique fondée sur la participation active des citoyens, qui devaient jouir de la liberté d'exprimer leurs opinions et d'influencer les décisions politiques.

Thomas Hobbes (1588-1679) est l'un des philosophes politiques les plus éminents de la modernité. Né à Malmesbury, en Angleterre, en 1588, il est issu d'une famille modeste. Toutefois, grâce au soutien d'un précepteur, il parvient à intégrer l'Université d'Oxford où il étudie la philosophie et les mathématiques. Par la suite, il travaille comme précepteur pour la famille Cavendish, l'une des plus prestigieuses de son temps, ce qui lui permet de côtoyer des intellectuels renommés tels que Francis Bacon.

En 1640, Hobbes publie son œuvre la plus célèbre, "Le Léviathan", dans laquelle il expose sa conception de la politique et de la nature humaine. L'ouvrage est mal reçu par les autorités ecclésiastiques et politiques de l'époque, car Hobbes y défend l'idée que le pouvoir politique doit être concentré entre les mains d'un seul souverain, et non partagé avec l'Église ou des groupes religieux.

Hobbes fut également un philosophe majeur de la science, considérant la connaissance scientifique comme la seule source véritable de vérité. Il voyait dans les mathématiques l'outil principal pour comprendre le monde naturel et a élaboré une théorie du mouvement basée sur la loi de l'inertie.

Il décède en 1679, à l'âge de 91 ans, des suites d'une complication pulmonaire. Son héritage philosophique a profondément influencé la culture et la politique occidentales, et nombre de ses théories et idées sont encore débattues et étudiées aujourd'hui.

"Le Léviathan", publié en 1651, est l'œuvre majeure de Thomas Hobbes. Il y dépeint l'homme comme un être égoïste, mû par le désir de satisfaire ses besoins et d'éviter la souffrance. Dans un état de nature, les hommes sont en guerre les uns contre les autres, rendant la vie "solitaire, pauvre, brutale et courte". Pour échapper à cet état, ils décident de créer un État, une autorité ayant le pouvoir d'assurer la paix et la stabilité. Selon Hobbes, le souverain doit détenir un pouvoir absolu, sans contraintes, pour garantir l'efficacité du gouvernement et la stabilité de l'État.

Le titre, "Le Léviathan", évoque le pouvoir souverain de l'État, symbolisé par un monstre marin gigantesque qui régit la vie des individus. Cette métaphore illustre le pouvoir colossal de l'État, nécessaire pour assurer l'ordre et la paix.

Hobbes a développé une vision réaliste et pragmatique de la politique, basée sur une compréhension profonde de la nature humaine. Il a reconnu la centralité de la force et de la persuasion en politique, et a soutenu que les dirigeants devaient s'adapter aux circonstances et aux défis politiques, en utilisant la vertu et la prudence pour préserver le pouvoir et la stabilité de l'État.

De plus, il a rejeté la conception traditionnelle de la politique, la considérant non pas comme une activité morale ou religieuse, mais comme une activité séculière, distincte de la morale et de la religion, et guidée par la raison et la prudence.

Per Hobbes a souligné l'importance de la liberté et de la participation citoyenne en politique. Il préconisait une politique fondée sur la participation active des citoyens, qui devaient jouir de la liberté d'exprimer leurs opinions et d'influencer les décisions politiques.

Hobbes soutient que le désir humain est sans fin et que l'homme est animé par une quête incessante de pouvoir, de gloire et de bonheur. La préoccupation pour l'avenir pousse l'homme à chercher une vie meilleure, le conduisant ainsi à œuvrer pour améliorer sa situation sociale et économique. Selon Hobbes, l'homme est également mû par le plaisir intellectuel et la curiosité, le poussant à rechercher des connaissances toujours plus approfondies. Il considère la raison comme un outil essentiel pour l'homme, lui permettant de comprendre et d'améliorer le monde.

Hobbes utilise la figure de Prométhée comme symbole de la curiosité humaine et de la quête de connaissance. Tout comme Prométhée qui voulait dérober le feu sacré de la connaissance, l'homme aspire à une vie meilleure et à maîtriser la nature.

En conclusion, Hobbes a élaboré une conception de la politique centrée sur la création de l'État comme moyen de mettre fin à la guerre entre les hommes. Sa philosophie repose sur l'idée que l'homme est guidé par le désir et la curiosité, et que la raison et la préoccupation pour l'avenir sont les principaux outils pour assurer une vie meilleure.

Le libéralisme est un mouvement politique et philosophique né en Europe au XVIIe siècle, pendant l'âge des Lumières. Il se caractérise par la défense de la liberté individuelle, des droits civils et politiques, et par l'idée que l'État doit être limité, n'intervenant que pour garantir les droits des individus.

John Locke (1632-1704) est l'un des principaux théoriciens du libéralisme. Dans son œuvre majeure, "Les deux traités du gouvernement civil", publiée en 1689, il avance que le pouvoir politique découle du consentement des individus, qui doivent être libres de choisir leur gouvernement. De plus, il défend l'idée que l'État doit être limité et que les droits fondamentaux des individus, tels que la propriété et la liberté personnelle, doivent être garantis.

Un autre aspect central de la philosophie politique de Locke est la tolérance religieuse. Dans ses "Lettres sur la tolérance", il argue que l'État ne doit pas intervenir dans les choix religieux des individus, car ils relèvent de la conscience personnelle. Les différences religieuses ne devraient pas être source de division et de conflit, mais plutôt de respect mutuel et de tolérance.

John Stuart Mill (1806-1873) est un autre penseur libéral majeur. Dans son ouvrage "De la liberté", publié en 1859, il défend l'idée que l'individu doit être libre de faire ce qu'il souhaite tant que cela ne nuit pas à autrui. Il considère la liberté individuelle comme une valeur en soi, devant être garantie et protégée par l'État.

Alexis de Tocqueville (1805-1859), politologue, philosophe et historien français, est surtout connu pour son livre "De la démocratie en Amérique", publié entre 1835 et 1840. Dans cet ouvrage, Tocqueville soutient que la démocratie est l'avenir de l'Occident, mais met en garde contre la "tyrannie de la majorité". Il estime que, bien que la démocratie garantisse la liberté et l'égalité, elle risque de voir la majorité imposer sa volonté au détriment des minorités.

Tocqueville identifie deux remèdes possibles à cette tyrannie : l'instauration d'un système de checks and balances pour protéger les droits des minorités, et l'éducation des citoyens pour former une majorité informée et consciente de ses responsabilités.

De plus, Tocqueville souligne l'importance de la société civile en démocratie. Il estime que les institutions civiles, telles que les associations, les églises et les organisations bénévoles, jouent un rôle crucial pour garantir la liberté et la diversité d'opinion en démocratie. Ces institutions peuvent offrir un contrepoids à la tyrannie de la majorité, en servant de lieu de rencontre et de débat entre les citoyens.

Tocqueville est l'un des penseurs les plus éminents sur la démocratie et la tyrannie de la majorité. Il a analysé les défis et les opportunités de la démocratie, mettant en avant l'importance de la protection des droits des minorités et de la formation d'une majorité éclairée et responsable. Ses idées demeurent étudiées et débattues à ce jour, à une époque où la démocratie est l'un des principaux régimes politiques à travers le monde.

John Stuart Mill (1806-1873) est l'une des figures majeures du libéralisme et de la philosophie politique du XIXe siècle. Dans son ouvrage "De la liberté", paru en 1859, Mill élabore une théorie de la liberté individuelle, axée sur la défense de la diversité et de l'originalité.

Pour Mill, la liberté individuelle est une valeur intrinsèque, devant être garantie et protégée par l'État. Il défend l'idée que chaque individu doit être libre d'agir selon ses désirs, tant que cela ne nuit pas à autrui. De plus, il considère que cette liberté est essentielle au développement de la créativité et de l'originalité.

Mill insiste sur l'importance de la liberté individuelle car elle permet à chacun d'exprimer son individualité et de se distinguer des autres. Il voit la diversité comme une valeur fondamentale pour la société, car elle stimule l'innovation et l'évolution des idées.

De plus, Mill estime que la liberté individuelle est cruciale pour la quête de la vérité. Il considère la liberté d'expression comme un droit fondamental, permettant aux individus de confronter et d'explorer différentes idées et perspectives. Pour lui, la vérité émerge du débat et de la confrontation, ce qui n'est possible que dans un contexte de liberté individuelle.

Mill croit fermement en l'importance de la liberté individuelle pour la créativité, la diversité et la recherche de la vérité. Il estime que l'État doit garantir et protéger cette liberté, en limitant son pouvoir uniquement lorsqu'il nuit à autrui. Ses idées sur la liberté individuelle et la diversité demeurent une source majeure d'inspiration pour la pensée libérale.

L'une des principales évolutions du libéralisme a été le néolibéralisme, apparu dans les années 1970. Prônant l'importance de la libre concurrence et de la dérégulation économique, il soutient que le marché est le meilleur mécanisme d'allocation des ressources. Le néolibéralisme a profondément influencé la politique économique de nombreux pays, favorisant la privatisation des entreprises publiques et la réduction des impôts et des dépenses publiques.

Une autre évolution notable est le libéralisme social, qui met en avant l'importance des droits civils et des libertés individuelles. Il promeut l'idée que l'État doit garantir l'égalité devant la loi, le droit à l'avortement, le mariage homosexuel et l'égalité des genres. Le libéralisme social a eu un impact majeur sur la politique et la culture de nombreux pays, en favorisant la promotion de l'inclusion sociale et de la diversité culturelle.

Récemment, le populisme de droite, une forme d'antilibéralisme, a émergé. Caractérisé par la défense de l'identité nationale et une critique des élites politiques et économiques, il a souvent défendu des politiques xénophobes, anti-immigration et nationalistes, plaidant pour la réduction de l'immigration et la promotion du protectionnisme économique.

Jean-Jacques Rousseau (1712-1778) fut un philosophe et écrivain français, principalement reconnu pour sa contribution à la théorie politique et à la philosophie sociale. Rousseau marque une nouvelle ère de la pensée contractualiste, où le contrat social n'est plus perçu comme un simple accord entre individus, mais comme un acte de volonté collective, où la volonté générale prédomine.

Selon Rousseau, une société bien ordonnée est caractérisée par une souveraineté démocratique, où la volonté générale est la seule loi légitime. Il postule que l'individu doit sacrifier ses intérêts personnels pour le bien commun, réalisable uniquement par la participation directe des citoyens à la vie politique.

Rousseau considère la démocratie comme la forme de gouvernement la plus juste et légitime, car elle permet une participation directe des citoyens à la vie politique et protège la volonté générale. Il affirme que la souveraineté ne peut être déléguée à un gouvernement ou à un individu, mais doit résider dans la volonté du peuple.

Pour Rousseau, la souveraineté démocratique ne doit pas être entravée par des lois ou des institutions, mais doit être exercée directement par les citoyens. Il défend l'idée que la démocratie doit être fondée sur la vertu, c'est-à-dire sur la volonté de faire ce qui est juste pour le bien commun.

La théorie du gouvernement basé sur le contrat social a été élaborée par de nombreux philosophes, dont Hobbes, Locke, Rousseau, et d'autres, et représente l'une des principales théories politiques de l'époque moderne.

Selon cette théorie, l'autorité gouvernementale ne provient ni du droit divin des rois ni de la force, mais de la volonté des citoyens qui ont établi un contrat entre eux pour former un gouvernement légitime. Le gouvernement a pour mission de protéger les droits et libertés des citoyens, mais son autorité est limitée par le contrat social et la volonté des citoyens.

Cependant, cette théorie a été critiquée par de nombreux philosophes. L'un des principaux critiques fut le philosophe allemand Immanuel Kant, qui soutenait que le contrat social ne pouvait être considéré comme un acte volontaire et que la légitimité du gouvernement devait être fondée sur la raison et le droit moral, et non sur le consentement des citoyens.

De plus, des philosophes tels que Friedrich Nietzsche et Martin Heidegger ont critiqué cette théorie, arguant qu'elle était une illusion de la raison et que le véritable pouvoir politique provenait de la force et de la volonté de puissance.

Malgré ces critiques, la théorie du contrat social continue d'influencer la politique et la philosophie, offrant une justification majeure de la légitimité du pouvoir politique.

L'une des principales contributions du contractualisme est le concept de souveraineté populaire, qui stipule que le pouvoir politique provient du consentement des citoyens, qui ont le droit de décider des questions affectant leur vie et leur avenir.

De plus, le contractualisme a mis en avant l'importance des droits naturels de l'homme, tels que le droit à la vie, à la liberté et à la propriété, et a soutenu que ces droits doivent être garantis par l'État, qui a pour mission de protéger les citoyens de toute forme d'oppression et de violence.

Le contractualisme a également influencé la conception moderne de la liberté, considérée comme une valeur fondamentale et un droit inaliénable de l'individu. En particulier, la théorie du contrat social a mis en avant l'importance de la liberté individuelle et la protection des droits de l'individu contre l'oppression du pouvoir politique.

Enfin, l'héritage du contractualisme a influencé la conception moderne de la démocratie, perçue comme la forme de gouvernement la plus légitime et juste, car elle repose sur la volonté populaire. Le contractualisme a promu l'idée que le pouvoir politique doit être limité et contrôlé, afin de protéger les droits et libertés des citoyens.

Immanuel Kant (1724-1804) fut l'un des philosophes les plus influents de l'histoire, principalement reconnu pour ses travaux en philosophie morale, politique et épistémologique. Kant a élaboré une philosophie cosmopolite qui transcende son époque, visant à promouvoir un idéal de monde pacifique et juste.

La philosophie cosmopolite de Kant repose sur la notion d'"humanité" comme principe unificateur de toute la race humaine. Il défend l'idée que chaque individu possède une valeur intrinsèque, indépendamment de sa culture, race, religion ou nationalité, et que tous les individus ont les mêmes droits et devoirs.

De plus, Kant estime que la paix et la justice ne peuvent être atteintes que par la mise en place d'un ordre international fondé sur la coopération plutôt que sur la compétition et la guerre. Il prône une paix basée sur le respect des droits et des libertés individuels et sur la reconnaissance des limites du pouvoir politique.

Sa vision cosmopolite s'étend également à la sphère économique, où il défend l'idée que le libre-échange et la coopération économique internationale peuvent favoriser la paix et la prospérité entre les nations.

Par ailleurs, Kant a développé sa théorie de l'impératif catégorique, mettant en avant l'importance de l'éthique et de la morale dans l'action humaine. Il croit que l'éthique doit être fondée sur le respect des autres individus, et que la morale doit être mise en œuvre tant au niveau individuel que collectif, national et international.

Pour Kant, la philosophie politique et juridique occupe une place centrale dans sa théorie éthique et morale, car le système de lois et d'institutions politiques est essentiel au bien-être et au bonheur des individus.

Il considère le droit comme un ensemble de lois régissant la vie des individus au sein d'une société civile, et que ces droits sont fondés sur la dignité humaine et le respect de la personne. Il soutient que la loi doit être universelle et impartiale, s'appliquant à tous les individus indépendamment de leur statut social ou de leur richesse.

De plus, pour Kant, la souveraineté populaire est un concept fondamental en philosophie politique. Il soutient que le pouvoir politique doit être fondé sur la volonté générale des citoyens, et que chaque individu doit être traité avec respect et dignité. Il croit en un gouvernement démocratique et représentatif, avec une participation directe des citoyens à la vie politique.

Kant met en avant l'importance de l'éthique et de la morale dans la philosophie politique et juridique. Il croit que l'éthique doit être mise en œuvre non seulement au niveau individuel, mais aussi au niveau politique, et que les lois doivent être fondées sur le respect des autres individus.

Kant souligne l'importance de la liberté individuelle et des droits de l'homme en philosophie politique et juridique. Il considère la liberté individuelle comme un droit naturel, et que l'État a le devoir de protéger ces droits contre toute forme d'oppression ou de violence.

Durant les années de développement du criticisme, Kant a élaboré une théorie politique mettant en avant l'importance de l'éthique et de la morale en philosophie politique et juridique. Sa théorie politique est basée sur la notion de liberté individuelle, de souveraineté populaire et de création d'un ordre international fondé sur la coopération et la justice.

Kant croyait que la liberté individuelle était un droit naturel fondamental, et que l'État devait assurer la protection de ces droits. Il soutenait que la liberté individuelle était essentielle au bien-être et au bonheur des individus, et que cette liberté devait être limitée uniquement par le respect des droits d'autrui.

De plus, Kant mettait en avant l'importance de la souveraineté populaire en théorie politique. Il croyait que le pouvoir politique devait découler de la volonté générale des citoyens, et que chaque individu devait être traité avec respect et dignité. Kant soulignait l'importance d'un gouvernement démocratique et représentatif, avec une participation directe des citoyens à la vie politique.

Kant croyait également en l'importance de créer un ordre international basé sur la coopération et la justice. Il estimait que la guerre devait être évitée et que la paix ne pouvait être atteinte que par la coopération entre les nations. Kant soutenait que la coopération internationale et le libre-échange favoriseraient la paix et la prospérité entre les nations.

Kant mettait en avant l'importance de l'éthique et de la morale en philosophie politique et juridique. Il croyait que l'éthique devait être mise en œuvre non seulement au niveau individuel, mais aussi au niveau politique, et que les lois devaient être fondées sur le respect des autres individus. Kant croyait que la morale devait être mise en œuvre tant au niveau national qu'international, afin de promouvoir la paix et la justice dans le monde.

Pour Kant, le progrès historique de la liberté et de l'esprit est un processus qui se déploie à travers le temps, visant l'amélioration de la condition humaine et la réalisation d'un idéal de monde pacifique et juste.

Kant croyait que ce progrès de la liberté et de l'esprit était intimement lié à l'idée des Lumières, c'est-à-dire à la capacité de l'humanité à sortir des ombres de l'ignorance et de l'oppression grâce à la raison et à la connaissance. Il pensait que les Lumières avaient conduit à la diffusion du savoir et à la libération de l'humanité de nombreuses formes d'oppression, telles que l'esclavage, la tyrannie et la discrimination.

De plus, Kant considérait que le progrès de la liberté et de l'esprit était étroitement lié à l'idée de progrès moral. Il arguait que ce progrès moral menait à la réalisation d'un monde pacifique et juste, où les individus vivent en harmonie et respect mutuel.

Kant pensait également que le progrès de la liberté et de l'esprit était intrinsèquement lié à l'idée de progrès scientifique et technologique. Il était convaincu que le progrès scientifique conduirait à une meilleure compréhension du monde naturel, et que le progrès technologique améliorerait la vie des individus, offrant de nouvelles opportunités de croissance et de développement.

Pour Kant, le respect des autres et de la dignité humaine devait être au cœur du progrès de la liberté et de l'esprit. Il affirmait que chaque individu possédait une dignité intrinsèque, indépendamment de sa culture, race, religion ou nationalité, et que tous les individus avaient les mêmes droits et devoirs.

La philosophie politique de Kant repose sur la notion de contrat originel, de droit et d'État. Ces concepts sont essentiels à sa théorie politique, car ils constituent les fondements du système politique et juridique d'une société civile.

Le concept de contrat originel est central dans la pensée politique de Kant. Il soutenait que la société civile était née d'un contrat entre individus, où ceux-ci cédaient une partie de leur liberté et autonomie en échange d'une sécurité et protection accrues. Ce contrat est à la base de la constitution de la société civile et de la formation de l'État.

Pour Kant, le droit est un ensemble de lois qui régulent la vie des individus au sein d'une société civile, basées sur la dignité humaine et le respect de la personne. Il soutenait que la loi devait être universelle et impartiale, s'appliquant à tous, indépendamment de leur statut social ou de leur richesse.

L'importance de l'État est également soulignée par Kant. Il le considérait comme essentiel pour garantir la protection des droits des individus et pour promouvoir la paix et la justice au sein de la société. Kant croyait que l'État devait être fondé sur la souveraineté populaire, avec le pouvoir politique découlant de la volonté générale des citoyens.

De plus, pour Kant, l'État devait garantir la liberté individuelle et les droits de l'homme, protéger la société contre la violence et la criminalité, et encourager la coopération internationale et le libre-échange.

La philosophie cosmopolitique de Kant représente un idéal éthique et politique basé sur l'idée d'une communauté mondiale d'individus libres et égaux. Il croyait que cette philosophie était le seul moyen de surmonter les divisions entre les nations et de réaliser la paix et la justice mondiale.

En outre, pour Kant, la destinée de l'humanité est d'atteindre un état de bonheur et de liberté grâce à la rationalité et à la coopération mutuelle. Il croyait que les individus étaient dotés d'une raison universelle, capable de transcender les différences culturelles et religieuses grâce à la raison et à la connaissance.

Kant croyait que la philosophie cosmopolitique ne pourrait être réalisée qu'à travers la coopération entre les nations et le respect de la dignité humaine. Il soutenait que les nations devaient coopérer pour promouvoir la paix et la justice mondiale, et que la liberté et les droits de l'homme devaient être protégés à l'échelle mondiale.

Kant soutenait que la philosophie cosmopolitique nécessitait également la création d'un ordre international basé sur le droit et la justice. Il croyait qu'un système de lois universelles et impartiales, applicable à toutes les nations, était nécessaire pour réaliser la paix et la justice à l'échelle mondiale.

Enfin, pour Kant, la philosophie cosmopolitique nécessitait aussi la coopération entre différentes cultures et religions. Il considérait la diversité culturelle comme une précieuse ressource pour l'humanité, et pensait que différentes cultures devaient coopérer pour promouvoir la connaissance et la compréhension mutuelle.

Hegel introduit d'importantes innovations dans la distinction entre société politique et société civile, marquant un développement significatif dans la philosophie politique de son époque.

Pour Hegel, la société civile est l'espace où les individus poursuivent leurs propres intérêts et activités économiques, sans l'intervention de l'État. Cette société est marquée par l'individualisme et la compétition économique, et représente la sphère privée des individus.

En revanche, la société politique est l'espace où la vie publique est régulée et le bien commun de la communauté est recherché. Elle est caractérisée par la sphère publique des individus, où les questions politiques sont débattues et les décisions collectives prises. Dans cette société, l'autorité de l'État est primordiale pour assurer la paix et la justice sociale, et pour protéger les droits des individus.

Hegel argue que la société civile et la société politique sont toutes deux nécessaires au fonctionnement de la société moderne. Cependant, si la société civile est marquée par l'individualisme et la compétition économique, la société politique repose sur la coopération et la solidarité entre les individus.

De plus, pour Hegel, la société civile et la société politique sont liées dans une relation dialectique. Il soutient que la société civile engendre des contradictions et des conflits qui ne peuvent être résolus que par l'intervention de l'État. Ainsi, la société politique est le moment où les contradictions de la société civile sont surmontées et l'intérêt général de la communauté est réalisé.

Selon Hegel, la société civile se compose de trois moments fondamentaux : la famille, la société bourgeoise et l'État. Ces trois moments sont étroitement liés et se développent dialectiquement.

Le premier moment de la société civile est la famille, où les individus apprennent à partager les valeurs et les habitudes de leur communauté. C'est ici que l'individu apprend les normes et les règles sociales, acquérant une identité culturelle propre. La famille est donc l'endroit où les individus apprennent à vivre en société et à respecter les lois et normes qui régulent la vie collective.

Le second moment est la société bourgeoise, où les individus poursuivent leurs intérêts économiques et commerciaux. Dans cette phase, les individus s'organisent en groupes sociaux, tels que les associations et les organisations économiques, pour protéger leurs intérêts et promouvoir leur bien-être économique. La société bourgeoise est marquée par la compétition économique et la recherche du profit, faisant primer les intérêts individuels sur les intérêts collectifs.

Le troisième moment est l'État, qui représente l'espace où les individus collaborent pour le bien commun de la communauté. Ici, l'autorité publique régule la vie collective et garantit la justice sociale. L'État est le moment où l'intérêt collectif prévaut sur l'intérêt individuel, réalisant l'intérêt général de la communauté.

La société civile et l'État sont deux concepts fondamentaux en philosophie politique, et leur relation a été débattue par de nombreux penseurs politiques. Hegel est l'un des philosophes ayant apporté une contribution majeure à la compréhension de cette relation.

Pour Hegel, la société civile et l'État sont étroitement liés, mais ont également des fonctions distinctes. La société civile est l'espace où les individus cherchent à réaliser leurs intérêts et développer leur personnalité, tandis que l'État représente l'autorité publique régulant la vie collective et garantissant la justice sociale.

Selon Hegel, la société civile et l'État se développent dialectiquement, c'est-à-dire dans une relation de réciprocité. La société civile, où les individus poursuivent leurs intérêts, peut engendrer des conflits et des désordres sociaux. Dans ce cas, l'État doit intervenir pour réguler la vie collective et garantir la justice sociale.

D'un autre côté, l'État ne peut rester indifférent aux besoins et demandes de la société civile. La société civile est la source d'énergie et de dynamisme qui permet à l'État d'agir efficacement et de réaliser le bien commun. Ainsi, l'État doit garantir la liberté et les droits des citoyens, promouvoir l'éducation et la culture, et stimuler la croissance économique.

De plus, pour Hegel, la relation entre la société civile et l'État peut être conflictuelle, mais elle doit être résolue par un processus de médiation. Ce processus de médiation implique la création d'institutions permettant aux citoyens de participer à la vie politique et d'exprimer leurs opinions et leurs besoins. Ainsi, la société civile et l'État peuvent collaborer pour réaliser le bien commun de la communauté.

La critique du jeune Marx concerne l'analyse critique que Marx a développée à l'égard de la philosophie et de l'économie politique de son époque. En particulier, Marx a critiqué l'idée d'une société fondée sur l'individualisme, l'aliénation et l'extériorisation de l'homme par rapport à son travail et à la nature.

Pour Marx, la société capitaliste repose sur la production de marchandises et sur l'exploitation du travail humain. Ce système économique engendre une profonde aliénation de l'homme par rapport à son travail et à la nature, où le travail humain est réduit à une simple activité productive, dénuée de sens et de valeur humaine. De plus, pour Marx, la société capitaliste engendre également une profonde extériorisation de l'homme par rapport à son essence humaine. Les individus sont contraints de vendre leur force de travail sur le marché pour survivre, devenant ainsi étrangers à leur véritable nature humaine et à leurs capacités créatives.

Selon Marx, l'aliénation et l'extériorisation de l'homme résultent d'un système économique basé sur la propriété privée des moyens de production et la compétition économique. Il a soutenu que seule l'abolition de la propriété privée et la création d'une société socialiste, fondée sur la coopération et le partage des ressources, permettraient de surmonter l'aliénation et l'extériorisation de l'homme.

Marx a également critiqué la philosophie idéaliste de son temps, qui voyait la raison comme la source de la connaissance humaine. Il a soutenu que la philosophie idéaliste était incapable de comprendre les véritables dynamiques sociales et économiques qui régissent la société.

Le débat entre Giovanni Gentile et Benedetto Croce a eu lieu principalement dans les premières décennies du XXe siècle et concernait la philosophie italienne et le rôle de la philosophie dans la vie culturelle et politique du pays.Giovanni Gentile était un philosophe et homme politique italien idéaliste, défendant l'importance de la philosophie comme guide pour la vie politique et culturelle du pays. Il proposait une vision unitaire de l'État italien, fondée sur l'idée d'une nation organique et indivisible.

Benedetto Croce, en revanche, était un philosophe et historien italien qui critiquait la vision de Gentile et soulignait l'importance de la liberté et de l'individu dans la vie politique et culturelle du pays. Il soutenait que l'unité de la nation ne pouvait être imposée d'en haut, mais devait découler de la libre association des individus et des communautés.

Le débat entre Gentile et Croce a porté sur la question du rôle de la philosophie dans la vie politique et culturelle du pays, se déployant à travers une série de controverses sur des sujets tels que l'éthique, la politique, l'art et la culture.

Gentile affirmait que la philosophie devait être au cœur de la vie culturelle et politique du pays et qu'elle devait guider les choix éthiques et politiques des individus et de la nation. Il soutenait également que l'art et la culture devaient être au service de la nation et de son unité. Croce, en revanche, critiquait cette vision et soulignait l'importance de la liberté et de l'individualisme dans la vie culturelle et politique du pays. Il arguait que la philosophie ne pouvait être imposée d'en haut, mais devait découler du libre choix des individus et des communautés. De plus, il soutenait que l'art et la culture devaient être libres et indépendants du pouvoir politique, servant l'humanité et son évolution.

Le débat entre Gentile et Croce a eu un impact significatif sur la philosophie et la culture italiennes, marquant une période d'intense effervescence intellectuelle et culturelle. Leur dispute continue d'influencer la philosophie et la culture italiennes jusqu'à aujourd'hui.

Pour **Antonio Gramsci**, la société civile et l'État sont deux concepts fondamentaux dans la théorie politique et la lutte pour le changement social. Cependant, Gramsci développe une compréhension de la société civile et de l'État différente de celle d'autres théoriciens politiques.

Selon Gramsci, la société civile est une arène de lutte culturelle et idéologique où les classes subalternes peuvent s'organiser et développer une conscience critique face à la domination des classes dominantes. La société civile englobe des institutions telles que la famille, les écoles, les églises, les syndicats et les organisations culturelles, qui influencent la formation des idées, croyances et valeurs des citoyens.

L'État, quant à lui, est l'institution politique détenant le pouvoir coercitif et régulant la vie collective. L'État est la source de l'autorité publique, imposant les lois et garantissant l'ordre public.

Gramsci soutenait que la relation entre la société civile et l'État est complexe et dialectique. La société civile peut être utilisée par les classes dominantes pour conserver leur pouvoir, en contrôlant les institutions culturelles et idéologiques. Cependant, la société civile peut aussi devenir une arène de lutte pour les classes subalternes, où elles peuvent développer leur propre conscience critique et s'organiser pour le changement social.

D'un autre côté, l'État peut être utilisé par les classes dominantes pour maintenir leur pouvoir par la répression et la coercition. Cependant, l'État peut également devenir un outil pour le changement social, s'il est contrôlé par les classes subalternes et s'il représente les intérêts des groupes marginalisés.

Karl Marx a formulé une critique radicale du libéralisme, idéologie dominante au XIXe siècle. Marx a mis en évidence les contradictions et les limites de la pensée libérale, qui percevait l'individu comme l'unité fondamentale de la société et le marché libre comme le principal mécanisme d'allocation des ressources.

Selon Marx, le libéralisme défendait les intérêts de la bourgeoisie, détentrice du pouvoir économique et politique, utilisant la rhétorique de l'individualisme et de la liberté pour légitimer sa domination sur les classes subalternes.

Marx a argué que la véritable source de richesse et de pouvoir dans la société n'était pas l'individu, mais le travail collectif des masses laborieuses, exploitées et opprimées par le système capitaliste. Il a plaidé pour une organisation collective du travail, fondée sur la coopération et la solidarité, capable de surmonter les contradictions du capitalisme et d'instaurer une société plus juste et égalitaire.

Dans cette perspective, Marx a élaboré une nouvelle conception du matérialisme, critiquant le dualisme entre matière et esprit, fondement de la philosophie occidentale. Pour lui, la réalité matérielle est à la base de la vie humaine et sociale, et les idées et institutions sociales découlent des conditions matérielles et historiques dans lesquelles les individus vivent.

Marx a également avancé que le changement social ne pouvait être réalisé par des réformes politiques ou sociales, mais uniquement par une révolution violente, rompant avec le capitalisme et instaurant une société socialiste.

La critique du droit a été une préoccupation majeure des philosophes politiques post-hégéliens, cherchant à dépasser certaines des limites et contradictions de sa théorie juridique.

En particulier, les successeurs de Hegel ont formulé une critique radicale du concept de droit, perçu comme une institution statique et formelle, déconnectée de la réalité sociale et politique.

Par exemple, Karl Marx a montré comment le droit était une forme d'idéologie, utilisée par la classe dominante pour légitimer son pouvoir. Pour Marx, le droit reflétait les relations sociales de production, assurant la stabilité du capitalisme.

Le philosophe allemand Walter Benjamin a mis en lumière l'ambivalence du droit, à la fois source de libération et d'oppression. Selon lui, le droit était une forme de violence symbolique, utilisée pour imposer le pouvoir de la classe dominante.

Michel Foucault a critiqué radicalement le droit, le voyant comme un moyen de discipline sociale, utilisé pour contrôler et réguler le comportement des individus. Pour Foucault, le droit est une forme de pouvoir s'immisçant dans la vie quotidienne, régulant les relations sociales et politiques.

Friedrich Engels, proche collaborateur de Karl Marx, a été l'un des principaux penseurs du mouvement socialiste. Ensemble, ils ont formulé une critique radicale du capitalisme, soulignant ses contradictions et limites.

Engels a notamment développé une théorie de la scission entre capital et travail, idée centrale de la pensée marxiste. Selon lui, cette scission est la contradiction fondamentale du capitalisme, où le travail est exploité pour générer du profit, tout en étant aliéné du processus de production.

Engels a soutenu que la propriété privée des moyens de production était à l'origine de cette scission, le pouvoir économique et politique étant concentré entre les mains des propriétaires, tandis que les travailleurs étaient contraints de vendre leur force de travail pour subsister.

Selon Engels, cette scission engendrait des tensions et des conflits sociaux, les travailleurs étant forcés de lutter pour leurs droits et une plus grande justice sociale. Cependant, il a également souligné que cette scission représentait une contradiction interne du capitalisme, où les forces productives se développaient, tout en générant des crises économiques, du chômage et de l'instabilité sociale.

Dans cette perspective, Engels a souligné la nécessité d'une révolution socialiste, qui conduirait à la socialisation des moyens de production et à l'établissement d'une société où la division entre capital et travail serait surmontée, et où le travail serait organisé de manière coopérative et solidaire.

La réinterprétation matérialiste de Hegel constitue l'une des idées fondamentales de la pensée marxiste, remettant en question la théorie idéaliste de Hegel et développant une nouvelle conception de l'histoire, de la dialectique et de l'idéologie.

Marx a formulé une critique radicale de l'idéalisme hégélien, affirmant que la réalité matérielle était le fondement de la vie humaine et sociale, et que les idées et institutions sociales découlaient des conditions matérielles et historiques dans lesquelles les individus vivaient.

Marx a mis en avant la centralité du conflit de classes dans l'histoire, où les forces productives évoluaient dynamiquement, tout en générant simultanément des contradictions et des conflits sociaux. La dialectique de l'histoire, selon Marx, reposait sur la lutte entre les classes sociales, où les conditions matérielles et historiques déterminaient la manière dont les institutions sociales et les idéologies se développaient. De plus, Marx a soutenu que les idéologies étaient une forme de mystification, où les idées et croyances étaient utilisées pour justifier le pouvoir et la domination de la classe dominante. Les idéologies, selon Marx, émergeaient de la base matérielle de la société, tout en contribuant à perpétuer le système de domination existant.

Dans cette optique, Marx a élaboré une nouvelle conception de la dialectique, mettant en lumière le rôle du conflit de classes et des conditions matérielles dans la formation des idées et des institutions sociales. La dialectique matérialiste représentait une critique radicale de l'idéalisme hégélien, offrant une nouvelle conception de l'histoire, de la dialectique et de l'idéologie.

La centralité du travail est l'une des idées fondamentales de la pensée marxiste, mettant en avant l'importance du travail comme source de richesse et de pouvoir dans la société capitaliste.

Marx a développé une théorie de la plus-value, où le travail est exploité pour générer du profit, tout en étant simultanément séparé et aliéné du processus de production. La plus-value représente la différence entre la valeur du travail utilisé dans la production d'un bien et la valeur marchande de ce bien.

Selon Marx, la plus-value est une forme d'exploitation des travailleurs, où la bourgeoisie s'approprie le travail des ouvriers pour générer du profit et accumuler du pouvoir économique et politique. La centralité du travail représente donc une remise en question radicale de l'idée libérale de l'individu comme unité fondamentale de la société et du marché libre comme principal mécanisme d'allocation des ressources.

De plus, Marx a élaboré une théorie du fétichisme, où les relations sociales et les institutions économiques sont perçues comme des objets matériels, séparés des personnes et de leurs relations. Selon Marx, le fétichisme est une forme d'aliénation, où les individus deviennent esclaves de leurs propres créations sociales et des institutions économiques qu'ils ont créées.

Marx a soutenu que la véritable liberté ne pourrait être atteinte qu'en éliminant la division entre capital et travail, et en établissant une société socialiste où le travail serait organisé de manière coopérative et solidaire.

Marx a critiqué la primauté de l'économique dans la société capitaliste, soulignant la centralité du travail comme source de richesse et de pouvoir. Cependant, sa critique ne s'est pas limitée à la sphère économique ; il a proposé une vision plus large de la société et de ses dynamiques.

En particulier, Marx a mis en avant l'importance du conflit de classes dans la société capitaliste, où les forces productives évoluent dynamiquement, tout en générant des contradictions et des conflits sociaux. La dialectique de l'histoire, selon Marx, repose sur la lutte entre les classes sociales, où les conditions matérielles et historiques déterminent la manière dont les institutions sociales et les idéologies se développent.

De plus, Marx a soutenu que la société capitaliste engendrait diverses formes d'aliénation, où le travail devenait une activité aliénante, et les individus devenaient esclaves de leurs propres créations sociales et des institutions économiques qu'ils avaient créées. Cette aliénation s'étendait également à la culture et à la politique, où les idéologies et institutions sociales étaient utilisées pour justifier le pouvoir et la domination de la classe dominante.

Enfin, Marx a souligné l'importance de la lutte pour l'émancipation humaine, où les individus pourraient se libérer de l'aliénation et de l'exploitation en créant une société socialiste, où le travail serait organisé de manière coopérative et solidaire.

L'idée du primat politique de l'économique a été élaborée par certains théoriciens du libéralisme économique, tels qu'**Adam Smith**, qui avançaient que le marché et la production de biens et services constituaient le moteur principal de la société et de l'économie.

Cependant, cette conception a fait l'objet de nombreuses critiques de la part de penseurs issus de divers courants philosophiques et politiques, qui ont mis en avant la centralité d'autres dimensions de la vie humaine et sociale. En particulier, certains intellectuels ont souligné l'importance de la culture, de l'art, de la religion et des relations sociales comme éléments essentiels de l'existence humaine et de la construction d'une société juste et équilibrée. Ces facettes de la vie humaine ne peuvent être réduites à la seule logique marchande et à la production de biens et services, mais nécessitent une approche plus globale et intégrée. De plus, d'autres penseurs ont mis en exergue l'importance de l'environnement et de la durabilité comme éléments cruciaux pour la survie de l'humanité et pour l'édification d'une société équitable. Ces aspects ne peuvent être négligés au profit de la seule logique du gain et de la croissance économique, mais exigent une évaluation minutieuse des conséquences environnementales et sociales des activités humaines.

Enfin, certains intellectuels ont mis en avant l'importance de la démocratie et des droits de l'homme comme piliers essentiels à la construction d'une société juste et équilibrée. La démocratie ne peut être réduite à la seule logique marchande et à la production de biens et services, mais nécessite une approche plus vaste et participative de la construction sociale.

Les théories de la paix et de la guerre incarnent deux courants essentiels de la philosophie politique, cherchant à apporter des réponses aux défis posés par les conflits et la violence dans la société.

Le réalisme politique est un courant qui se focalise sur le caractère conflictuel des relations internationales, postulant que les États agissent principalement selon leurs intérêts nationaux et leur capacité à préserver et à promouvoir leur puissance. Selon cette perspective, la paix ne peut être atteinte que par la puissance et la dissuasion militaire, tandis que le conflit et la guerre sont des conséquences inévitables des disparités de pouvoir et des intérêts divergents des États.

Le pacifisme institutionnel, quant à lui, se concentre sur la réduction de la violence et de la guerre par l'institutionnalisation des relations internationales et la création d'organismes et de régimes internationaux favorisant la coopération et la résolution pacifique des conflits. Selon ce courant, la paix peut être atteinte par l'établissement de règles et de procédures limitant la violence et encourageant la coopération et la solidarité entre les États.

Enfin, la tradition rationaliste se penche sur la rationalité et la logique comme moyens de résolution des conflits et de promotion de la paix. Selon cette perspective, la paix peut être obtenue par la rationalité et la coopération, où les États cherchent à parvenir à un accord par le dialogue et la négociation, plutôt que par la force.

Max Weber est l'une des figures majeures de la sociologie et de la philosophie politique du XXe siècle. Il est reconnu pour avoir élaboré une forme de réalisme politique "anomal", qui se distingue du réalisme traditionnel à plusieurs égards.

D'abord, bien que Weber reconnaisse que la force physique est un élément central des relations politiques, il soutient que celle-ci, à elle seule, ne suffit pas à expliquer la dynamique des relations politiques. Pour Weber, la force doit être considérée comme l'un des nombreux facteurs influençant les relations politiques, incluant la culture, la religion, la tradition et l'économie.

Deuxièmement, Weber met en avant l'importance des groupes politiques dans la détermination des relations politiques. Il considère que ces groupes sont l'unité fondamentale de l'action politique, et que le pouvoir politique dépend de leur capacité à mobiliser des ressources et à influencer les décisions politiques.

Weber a également mis en lumière le rôle des idéologies dans la détermination des relations politiques. Il considère que les idéologies façonnent la manière dont les individus perçoivent et agissent dans le monde, et que ces idéologies peuvent avoir un impact significatif sur la dynamique des relations politiques.

Weber a souligné l'importance du concept d'autorité dans la détermination des relations politiques. Selon lui, l'autorité repose sur la capacité d'un groupe ou d'un individu à influencer le comportement d'autrui, même en l'absence de force physique. Cette autorité peut être fondée sur la légitimité, la compétence ou le charisme.

Pour Weber, la légitimité est centrale à la construction de l'autorité et du pouvoir politique. Elle repose sur la perception des individus que le pouvoir exercé par un groupe ou un individu est juste et approprié. Cette légitimité peut être fondée sur la tradition, la rationalité juridique ou le charisme.

Weber a élaboré une théorie de l'État mettant en avant la rationalité et la bureaucratie dans la gestion de l'autorité politique. Selon lui, l'État moderne est caractérisé par la rationalisation et la spécialisation des fonctions administratives et politiques. L'autorité de l'État repose sur sa capacité à gérer de manière rationnelle et efficace les affaires publiques, et sur la légitimité qui découle de sa capacité à garantir la sécurité et le bien-être de la population.

De plus, Weber a souligné l'importance de la politique comme mécanisme de gestion du pouvoir dans la société. La politique repose sur la compétition entre groupes politiques et sur leur capacité à mobiliser le consensus et le soutien de la population. Pour Weber, la politique peut avoir un impact significatif sur la vie des individus et sur la direction de la société, et une participation active à la politique est un devoir civique.

Weber a utilisé le concept de "cage d'acier" pour décrire le phénomène de rationalisation dans la société moderne. Selon lui, la rationalisation a conduit à la création d'un système de règles et de procédures impersonnelles, restreignant la liberté des individus et les obligeant à se conformer aux normes établies par le système. En particulier, Weber a avancé que la rationalisation avait conduit à l'émergence d'un système bureaucratique où les règles et les procédures étaient établies a priori, obligeant les individus à s'y conformer sans possibilité de déviation ou d'interprétation.

Cependant, malgré cette "cage d'acier" de la rationalisation, Weber a soutenu que la liberté politique demeurait accessible. Il a mis en exergue l'importance de la politique comme activité autonome et a défendu l'idée que la liberté politique ne pouvait être réalisée qu'à travers une action politique active et participative des citoyens. Weber a mis l'accent sur le rôle crucial du leadership charismatique en politique, comme moyen de contester et de transcender les contraintes imposées par la rationalisation. Il a postulé que le leadership charismatique pouvait inspirer et motiver les citoyens à surmonter la "cage d'acier" de la rationalisation et à agir de manière autonome et créative.

Max Weber a abordé la question de la démocratie de masse, des partis politiques et des politiciens professionnels dans divers écrits et discours. Il a notamment souligné l'importance des partis politiques comme instruments permettant la participation politique des citoyens, tout en mettant en lumière les risques et les défis du système partisan dans une démocratie de masse.

Weber a plaidé en faveur de l'importance des partis politiques dans la démocratie de masse, car ils permettent aux citoyens de s'engager dans la vie politique et d'influencer les décisions politiques. Cependant, il a également mis en évidence les dangers potentiels des partis politiques, notamment le risque qu'ils deviennent oligarchiques et corrompus, et que la participation des citoyens à la politique puisse être limitée par les partis eux-mêmes.

De plus, Weber a traité de la question des politiciens professionnels, soulignant la nécessité de disposer de professionnels qualifiés en politique. Il a mis en avant les dangers de la professionnalisation de la politique, notamment le risque que les politiciens deviennent déconnectés de la réalité des citoyens et agissent uniquement selon leurs propres intérêts ou ceux de leur parti.

Pour Weber, le rôle du leadership charismatique en politique était évident, servant à motiver et inspirer les citoyens à s'engager politiquement. Cependant, il a également mis en évidence les dangers du charisme en politique, notamment le risque qu'un leadership charismatique soit utilisé à des fins égoïstes ou autoritaires.

Pour Max Weber, l'éthique constituait une source de sens pour la politique, c'est-à-dire un ensemble de valeurs et de normes fournissant une orientation pour l'action politique. Weber soutenait que la politique ne devait pas être uniquement guidée par la rationalité technique et le calcul des intérêts, mais devait également être influencée par la prise en compte des valeurs et des normes éthiques.

Il a insisté sur le fait que l'éthique jouait un rôle crucial en politique, car elle fournissait une base pour l'action politique et pour la création d'un ordre social juste et stable. Cependant, Weber a également souligné que l'éthique ne pouvait être imposée de l'extérieur, mais devait être acceptée et partagée par les membres de la société elle-même.

Weber a insisté sur le fait que l'éthique ne devait pas être perçue comme un ensemble de règles rigides et immuables, mais plutôt comme un système de valeurs et de principes pouvant être interprétés et appliqués de manière flexible. Il croyait que l'éthique devait être adaptée aux circonstances et aux situations contingentes, et que son interprétation devait être guidée par la raison et la prudence.

Enfin, Weber a distingué deux types d'éthique : l'éthique de la conviction et l'éthique de la responsabilité. Ces deux éthiques ont été exposées par le philosophe dans son célèbre ouvrage "Politik als Beruf" (La politique comme vocation). L'éthique de la conviction repose sur la motivation morale de l'action, c'est-à-dire sur la bonne volonté de l'individu. Selon Weber, cette éthique met l'accent sur la cohérence interne des actions et sur les intentions de l'individu. Elle vise à évaluer l'action en fonction de la pureté des intentions de l'agent et de sa conformité aux valeurs éthiques.

D'un autre côté, l'éthique de la responsabilité repose sur les conséquences de l'action. Weber arguait que cette éthique était indispensable en politique, car les décisions politiques peuvent avoir des répercussions majeures sur la vie des individus. L'éthique de la responsabilité vise à évaluer l'action en fonction de ses conséquences réelles et de sa capacité à engendrer des résultats bénéfiques.

Weber affirmait que ces deux éthiques jouaient un rôle crucial dans la vie sociale et politique, mais qu'elles pouvaient souvent entrer en conflit. L'éthique de la conviction pourrait conduire à des décisions irrationnelles ou idéologiques, tandis que l'éthique de la responsabilité pourrait mener à des décisions pragmatiques mais dénuées d'éthique.

Pour Weber, le choix entre l'éthique de la conviction et celle de la responsabilité dépendait des circonstances et du contexte spécifique de l'action. Néanmoins, il soulignait que la politique nécessitait un équilibre entre ces deux éthiques, et que les politiciens devaient être capables de prendre en compte à la fois les conséquences de leurs actions et leurs intentions.

Max Weber a introduit le concept d'"inconditionnalité" comme élément fondamental de l'action politique et sociale. L'inconditionnalité désigne l'attitude de l'individu qui agit selon ses propres valeurs et principes, sans être influencé par des intérêts extérieurs ou des conventions sociales.

Selon Weber, l'inconditionnalité est primordiale en politique, car les politiciens doivent être capables d'agir en accord avec leur conscience et leurs valeurs, sans subir de pressions ou d'interférences de la part d'intérêts extérieurs. Cependant, Weber insistait sur le fait que l'inconditionnalité ne devait pas être confondue avec un manque de réalisme ou un manque de pragmatisme dans l'action politique.

Weber mettait en avant l'importance de l'aspiration à l'impossible dans la vie sociale et politique. Il croyait que cette aspiration était essentielle pour motiver et inspirer les individus à se battre pour une cause, même si celle-ci semblait hors d'atteinte. Pour Weber, cette aspiration à l'impossible était souvent le moteur des grandes révolutions et des changements sociaux.

Néanmoins, Weber soulignait que cette aspiration à l'impossible ne devait pas être confondue avec l'utopie ou avec un manque de réalisme dans l'action politique. Il estimait qu'il était nécessaire de combiner cette aspiration avec une considération pragmatique des circonstances et des défis de la vie sociale et politique.

Le concept de totalitarisme a suscité diverses interprétations et lectures au fil de l'histoire. En général, le totalitarisme est perçu comme un système politique où l'État contrôle chaque aspect de la vie sociale et individuelle des citoyens, par le biais de la répression, de la propagande et de la manipulation des masses.

Cependant, différentes lectures du concept de totalitarisme offrent des perspectives variées :

· La lecture marxiste : selon cette interprétation, le totalitarisme est une conséquence du capitalisme et de sa crise. Dans cette optique, le totalitarisme serait une réponse du système capitaliste à la menace de la révolution communiste. Le totalitarisme serait donc une forme de gouvernement visant à réprimer et neutraliser toute opposition au système capitaliste.

· La lecture libéral-démocratique : selon cette interprétation, le totalitarisme est une forme de gouvernement autoritaire et oppressif qui viole les droits fondamentaux des individus. Dans cette perspective, le totalitarisme serait l'antithèse de la démocratie et des libertés individuelles.

· La lecture philosophique : selon cette interprétation, le totalitarisme est une forme de gouvernement visant à créer un nouvel homme, par la manipulation des masses et la construction d'une idéologie totalisante. Dans cette optique, le totalitarisme serait la négation de la liberté et de la diversité humaine, et son ambition de créer un nouvel homme serait une utopie dangereuse et vouée à l'échec.

· La lecture sociologique : selon cette interprétation, le totalitarisme est un phénomène social qui se développe dans un contexte de crise et d'instabilité sociale. Dans cette perspective, le totalitarisme serait le résultat de la combinaison de facteurs socio-économiques, politiques et culturels, créant un terrain propice à l'émergence d'un gouvernement autoritaire et totalisant.

Hannah Arendt a été l'une des principales critiques du totalitarisme et de ses implications politiques et sociales. Dans son œuvre "Les origines du totalitarisme", Arendt a analysé les origines et les caractéristiques du totalitarisme, soulignant sa nature intrinsèquement destructrice de la liberté et de la dignité humaine.

Arendt a mis en évidence que le totalitarisme repose sur une idéologie totalisante, prétendant connaître la vérité absolue et éliminer toute forme de pensée critique et de pluralisme. Dans ce sens, le totalitarisme est la négation de la politique comme espace de débat et de confrontation entre différentes positions et opinions.

Arendt a également critiqué la tendance du totalitarisme à réduire les individus à de simples chiffres, à des masses anonymes sans identité ou dignité personnelle. Cette réduction des individus en objets manipulables a conduit à la disparition de l'espace public et des institutions démocratiques, créant les conditions pour l'émergence de régimes autoritaires et violents.

De plus, Arendt a critiqué la tendance du totalitarisme à utiliser la violence et la terreur comme outils de contrôle social. La violence et la terreur, selon Arendt, sont les moyens par lesquels le totalitarisme tente d'effacer la dignité humaine et la liberté, créant un climat de peur et de soumission.

Giovanni Gentile et Benedetto Croce ont été deux importants philosophes italiens du XXe siècle, qui ont contribué au débat sur le totalitarisme et la statolâtrie.

Giovanni Gentile, en particulier, a soutenu le fascisme italien et a développé une idéologie politique proposant la création d'un État fort et totalisant, capable de guider la nation vers le progrès et la grandeur. Cependant, après la fin de la Seconde Guerre mondiale, Gentile a été reconnu comme l'un des principaux théoriciens du totalitarisme, et sa philosophie politique a été associée aux atrocités du régime fasciste.

Benedetto Croce, quant à lui, a critiqué le totalitarisme et la statolâtrie, et a défendu l'importance de la liberté individuelle et du pluralisme politique. Croce a développé une philosophie politique mettant en avant le rôle de la culture et de la civilisation dans la vie sociale et politique, soulignant l'importance de la liberté de pensée et de la critique.

Croce a critiqué le totalitarisme pour sa négation de la liberté individuelle et de la diversité culturelle, et a souligné l'importance de protéger l'espace privé de la vie humaine de l'ingérence de l'État. De plus, Croce a soutenu que la statolâtrie, c'est-à-dire l'adoration de l'État comme entité sacrée et absolue, est une idée dangereuse et illibérale, qui peut conduire à la négation des droits et des libertés individuelles.

Ernst Cassirer a été un important philosophe allemand du XXe siècle, qui a analysé le rapport entre le mythe politique et le totalitarisme.

Secondo Cassirer, il mito politico è un'idea o un'immagine che rappresenta l'essenza e la giustificazione di un sistema politico. Il mito politico può essere utilizzato per legittimare un regime politico, per mobilitare le masse e per creare una visione condivisa del mondo. Tuttavia, il mito politico può anche essere utilizzato per giustificare l'oppressione, la violenza e l'eliminazione degli avversari politici. Cassirer a soutenu que le totalitarisme repose sur un mythe politique totalisant, prétendant représenter la vérité absolue et éliminer toute forme de pensée critique et de pluralisme. En ce sens, le totalitarisme représente la négation de la politique comme espace de débat et de confrontation entre différentes positions et opinions.

Cassirer a souligné que le mythe politique totalisant du totalitarisme est souvent associé à un culte de la personnalité du leader, représentant la figure charismatique incarnant ce mythe politique. Ce culte de la personnalité vise à créer une image idéalisée du leader et à mobiliser les masses pour la réalisation de ce mythe politique. Ernst Cassirer a consacré une grande partie de sa réflexion au rapport entre anthropologie et philosophie politique. En particulier, Cassirer a avancé que l'anthropologie peut être considérée comme un fondement de la philosophie politique, car elle offre une compréhension de la nature humaine, de ses capacités et de ses limites.

Selon Cassirer, l'homme est un être culturel, qui crée et interagit avec le monde à travers la culture et les symboles. La culture, entendue comme l'ensemble des expressions matérielles et immatérielles de l'homme, représente le domaine dans lequel sa vie et son histoire se déroulent. La culture permet à l'homme de comprendre le monde et de s'y orienter, mais elle est aussi le lieu où se développent les tensions et les contradictions de l'existence humaine.

Dans cette perspective, Cassirer a soutenu que la philosophie politique doit prendre en compte la nature culturelle de l'homme et baser sa réflexion sur une compréhension anthropologique de l'homme en tant qu'être culturel et symbolique. La philosophie politique doit également reconnaître la complexité et la pluralité des cultures humaines, et être capable de saisir les différences et les nuances qui caractérisent les diverses expériences humaines.

Cassirer a également mis en avant l'importance de la symbolique politique, c'est-à-dire des symboles et des mythes utilisés pour représenter l'essence et la justification d'un système politique. Les symboles politiques sont de puissants outils pour la mobilisation des masses et pour la création d'une vision partagée du monde, mais ils peuvent aussi être utilisés pour justifier l'oppression et la violence.

En abordant ce sujet, il est indéniable, en cette seconde décennie des années 2020 du XXIe siècle, de regarder les totalitarismes et de les voir comme le premier exemple de gouvernance des vies par la création d'espaces d'exception, comme l'étaient autrefois les camps de concentration. Ou plus récemment les dérives des camps de détention extrêmes comme Guantanamo. Nous reviendrons sur ce point plus tard, lorsque nous aborderons les nouvelles formes de biopolitique.

Pour **Hannah Arendt**, la sphère publique représente un espace où les individus peuvent agir librement et de manière autonome, exprimant leur opinion et participant à la vie politique. Cette sphère est caractérisée par une pluralité d'individus, chacun ayant la possibilité d'exprimer son point de vue, d'écouter celui des autres et de discuter ensemble pour parvenir à une décision commune.

Arendt distingue trois activités fondamentales qui se déroulent au sein de la sphère publique : l'apparition (ou manifestation), la práxis et la poíesis. La première concerne la manifestation de soi à l'extérieur, la création d'une image de soi à travers la participation à la vie publique. La seconde concerne l'action politique, l'expression de la volonté des citoyens et la création de lois et d'institutions régulant la vie collective. Enfin, la poíesis se réfère à la création d'œuvres d'art, littéraires ou autres, qui représentent un moyen pour les individus d'exprimer leur liberté et créativité.

Pour Arendt, la sphère publique est essentielle à la vie politique et à la démocratie, car elle permet aux citoyens d'exprimer leur opinion et de participer aux décisions concernant leur vie collective. Cependant, Arendt a également souligné les dangers menaçant la sphère publique, tels que la croissante commercialisation et la tendance à transformer les citoyens en consommateurs passifs plutôt qu'en participants actifs à la vie politique.

Pour Hannah Arendt, l'action est le fondement de la vie politique et sociale de l'homme. L'action diffère du travail, car ce dernier vise la survie de l'individu et de sa famille, tandis que l'action vise la création de quelque chose de nouveau et la participation à la vie publique. L'action, pour Arendt, représente la capacité des individus à créer quelque chose de nouveau et à initier un nouveau processus historique.

La liberté, selon Arendt, est étroitement liée à l'action. L'être humain est libre lorsqu'il agit, lorsqu'il exerce sa capacité à penser, juger et choisir de manière autonome. La liberté ne peut être donnée ou acquise, mais est une attitude intérieure qui se manifeste dans l'action. Arendt distingue la liberté positive, qui est la capacité d'agir et de créer quelque chose de nouveau, de la liberté négative, qui est la simple absence de contraintes extérieures.

Le pouvoir, pour Arendt, n'est pas la capacité de contraindre les autres, mais la capacité d'agir ensemble et d'influencer le cours des événements. Le pouvoir repose sur la légitimité et la capacité de convaincre les autres de la validité de ses idées et opinions. Le pouvoir s'exprime dans la sphère publique, où les individus peuvent discuter et se confronter librement, créant un consensus basé sur le partage de valeurs et d'objectifs communs.

Arendt soutient que le pouvoir peut être détruit par la violence, qui représente une tentative d'éliminer le conflit et d'imposer sa volonté sur les autres. La violence, pour Arendt, est la négation de l'action et de la liberté, car elle empêche les individus d'exprimer leur pensée et d'agir de manière autonome.

Hannah Arendt propose une conception de la citoyenneté active basée sur la participation directe des citoyens à la gestion des affaires publiques. En ce sens, elle s'oppose à la conception moderne de la représentation politique, où le pouvoir est délégué à quelques représentants élus.

La République des conseils, ou démocratie des conseils, représente pour Arendt une forme de gouvernement garantissant la participation directe des citoyens à la gestion des affaires publiques, à travers l'organisation de conseils populaires au niveau local et national.

Selon Arendt, la participation des citoyens à la vie publique est essentielle pour garantir la liberté et la dignité humaine. Seule la participation active à la vie politique permet aux individus de développer un sentiment d'appartenance à la communauté et de prendre la responsabilité de construire leur propre avenir.

Dans la République des conseils, le pouvoir n'est pas concentré entre les mains de quelques représentants politiques, mais est réparti entre tous les citoyens participant aux conseils. Ainsi, Arendt soutient que l'on peut éviter la création d'une classe politique privilégiée et la corruption du pouvoir, phénomènes souvent observés dans les démocraties représentatives.

La démocratie des conseils, cependant, ne doit pas être confondue avec la démocratie directe, où chaque citoyen participe directement aux décisions politiques. Arendt reconnaît que la participation de tous les citoyens aux décisions politiques peut être difficile et impraticable dans les sociétés modernes.

Néanmoins, la République des conseils représente pour Arendt un idéal politique qui pourrait être réalisé en promouvant la participation active des citoyens et l'organisation de conseils populaires au niveau local et national. Cette forme de gouvernement, selon la philosophe allemande, pourrait garantir la liberté, la dignité et la responsabilité des citoyens dans la construction de leur destin politique.

Pour Hannah Arendt, l'"amor mundi" représente la capacité d'aimer et d'apprécier le monde dans lequel nous vivons, malgré les difficultés et les imperfections qu'il présente. Cela nécessite une certaine sensibilité à l'expérience commune de l'humanité et la capacité de reconnaître la dignité et la valeur de l'autre.

En même temps, Arendt souligne l'importance du sens de la limite dans la vie humaine. L'être humain est en effet limité par sa mortalité et par sa position temporelle et spatiale dans le monde. Ces limites, cependant, ne doivent pas être vues comme des obstacles à la réalisation de soi, mais plutôt comme des conditions pour la création et l'expérience de sens et de valeur dans la vie.

Dans cette perspective, Arendt met en avant l'importance de l'action politique comme moyen de réaliser le sens de la limite. Agir ensemble, à travers le dialogue et la participation active à la vie publique, permet de surmonter la solitude et l'isolement qui découlent de la condition humaine et de créer un sentiment d'appartenance et de signification partagée.

Cependant, pour que l'action politique soit authentiquement libératrice, elle doit être fondée sur la liberté comme condition nécessaire à l'exercice de la responsabilité. La liberté, en effet, ne consiste pas simplement à pouvoir faire ce que l'on veut, mais dans la capacité de choisir consciemment ce que l'on considère comme juste et d'en assumer la responsabilité.

Ainsi, la citoyenneté active devient une expression de l'"amor mundi" et du sens de la limite, car elle permet de reconnaître sa propre position et ses propres limitations dans le monde, de prendre conscience de l'autre comme source de signification et de valeur, et d'assumer la responsabilité de ses propres choix et actions dans le cadre de la vie publique.

L'École de Francfort a été fondée en 1923 en tant qu'institution de recherche sociologique à l'Université de Francfort, en Allemagne. Elle a émergé d'un groupe d'intellectuels de gauche, dont Max Horkheimer, Theodor Adorno, Herbert Marcuse et Walter Benjamin. L'école a été influencée par les idées de la théorie critique marxiste et par la psychanalyse de Sigmund

Freud.

L'École avait pour objectif d'étudier les questions sociales et politiques contemporaines, en particulier les causes de la crise du capitalisme et les solutions potentielles à ces problèmes. Les intellectuels de l'École de Francfort croyaient que le capitalisme était la source de nombreuses inégalités et injustices dans la société, et que le système économique conduirait à une crise menaçant l'existence même de l'humanité.

Pour comprendre les causes de cette crise, l'école a développé une série de concepts, dont l'aliénation, la rationalisation, la culture de masse et la théorie de la praxis. La théorie de la praxis, en particulier, soutenait que l'action politique devait être basée sur la pratique et la participation active des citoyens, plutôt que sur des théories abstraites et des principes.

Dans les années 1930, l'école a déménagé aux États-Unis en raison de la montée du nazisme en Allemagne. Là-bas, les intellectuels de l'école se sont concentrés sur la critique de la culture de masse et sur le rôle des médias dans la société, arguant que les médias jouaient un rôle crucial dans la formation des opinions et des croyances des individus.

Dans les années 1960, l'École de Francfort s'est concentrée sur la critique de la société capitaliste avancée et sur le rôle de la technologie et de la rationalité instrumentale dans la société. Les intellectuels de l'école ont développé la théorie de la société du spectacle et de la culture de consommation, soutenant que la culture de masse et le consumérisme conduisaient à la perte de la capacité critique des individus.

Aujourd'hui, l'École de Francfort continue d'influencer la pensée critique dans de nombreux domaines, dont la philosophie, la sociologie, la politique, la littérature et les arts.

La théorie du genre (ou "gender") de l'École de Francfort repose sur une approche critique et radicale vis-à-vis des relations de pouvoir et des structures sociales qui les sous-tendent. Cette approche critique a été influencée par plusieurs courants de pensée, dont :

Le marxisme : l'École de Francfort a hérité de la critique marxiste de la société capitaliste, se concentrant notamment sur sa capacité à produire aliénation et réification. Dans cette perspective, la théorie du genre est une analyse des structures sociales générant inégalités et oppressions, y compris celles basées sur le genre.

· Le freudisme : l'École de Francfort a également puisé dans la pensée de Sigmund Freud, notamment son analyse de l'inconscient et des dynamiques psychologiques influençant le comportement humain. Ainsi, la théorie du genre considère le genre comme une construction sociale et psychologique, plutôt que comme une catégorie biologique fixe.

· La théorie critique : l'École de Francfort, fondée par un groupe de philosophes et sociologues, s'inspire de la théorie critique, une approche philosophique visant à analyser et critiquer les structures sociales et culturelles générant inégalités et oppressions. La théorie du genre s'inscrit dans cette perspective critique, cherchant à démanteler les structures sociales produisant des inégalités de genre.

· Le féminisme : enfin, la théorie du genre de l'École de Francfort a été influencée par le féminisme, qui a milité pour l'émancipation des femmes et la fin des inégalités de genre. La théorie du genre s'inscrit dans cette lignée, cherchant à analyser et à surmonter les inégalités de genre par l'action politique et la transformation des structures sociales.

La question de l'accès au changement de sexe pour les mineurs a été au cœur d'un débat très vif aux États-Unis, notamment en Californie, où une loi a été adoptée permettant aux mineurs d'accéder à des thérapies hormonales et à des interventions chirurgicales pour le changement de sexe, avec l'autorisation des parents et du médecin traitant. Malheureusement, depuis 2022, il est apparu que l'avis des parents pouvait être contourné, au détriment des mineurs. Cette loi a suscité de nombreuses controverses et critiques, tant de la part de groupes conservateurs et religieux, que de personnes simplement préoccupées par la santé physique et mentale des enfants et adolescents souhaitant une transition de genre, souvent sous l'influence persuasive et manipulatrice, plutôt que par un choix éclairé. Certains parents et associations ont dénoncé des cas d'abus et de pressions psychologiques sur les mineurs de la part de professionnels de santé, qui auraient encouragé la décision de changer de sexe sans une véritable évaluation de la situation et des conséquences à long terme.

D'autre part, il existe également des groupes d'activistes défendant le droit des mineurs à choisir leur identité de genre et à accéder aux soins médicaux nécessaires. Cependant, il est difficile de comprendre comment ces "défenseurs" des droits peuvent accepter que, par exemple, un mineur ne puisse pas boire d'alcool ou conduire une voiture avant sa majorité. Cette contradiction ne peut être expliquée que par "le sommeil de la raison engendre des monstres". Ils soutiennent que le refus de tels soins et l'imposition de rôles de genre traditionnels peuvent causer de graves préjudices psychologiques et physiques aux mineurs transgenres. Mais ils évitent soigneusement de reconnaître le drame des témoignages de ces anciens jeunes devenus adultes et regrettant d'avoir pris une décision trop hâtive, inconsciente et, trop souvent, encouragée par des adultes aux intérêts divers.

En général, la question du changement de sexe chez les mineurs est un sujet complexe et controversé, impliquant diverses dimensions éthiques, sociales et juridiques. Il est essentiel d'aborder cette question avec une grande prudence et sensibilité, en garantissant avant tout le respect des droits des mineurs et la protection de leur santé et de leur bien-être psychologique. Enfin, il serait nécessaire de revenir aux origines du féminisme pour examiner ce qui est caché sous les justes prémisses affichées en surface. Il devient alors inévitable de se demander si un objectif moins avoué à long terme est d'affaiblir la cellule anarchique au sein de toute société : la famille. Il est évident que l'État a, au fil des ans, renforcé sa volonté d'arracher l'éducation des enfants au domaine familial pour les placer sous sa surveillance et son endoctrinement dès quelques mois de vie. Les crèches sont une conséquence des succès du féminisme, mouvement probablement financé à ses débuts, selon les témoignages donnés dans une interview brûlante de 2007 par le défunt Aaron Russo, réalisateur et ami de Nick Rockfeller, précisément par la famille Rockfeller, s'inscrivant dans ce projet de changement social et d'homogénéisation et transformation des genres pour éradiquer la dernière défense, la plus naturelle, contre la manipulation visant à transformer l'individu en citoyen parfait, acritique, soumis, résilient et modifiable selon les besoins du moment, conçu et idéalisé par la volonté de l'État. Une société post-humaine et dénaturée, composée d'hommes qui ne sont plus masculins et de femmes qui ne sont plus féminines ; fluides et neutres, tous deux également déracinés.

La théorie critique allemande, née au sein de l'École de Francfort, représente un courant de pensée visant à analyser de manière critique la société moderne, en particulier le capitalisme, à la lumière de la philosophie de l'histoire. En effet, la philosophie de l'histoire a toujours été un domaine de réflexion essentiel pour l'École de Francfort, car elle permet de comprendre les processus historiques qui ont conduit à la situation actuelle et d'identifier les possibilités de changement.

L'un des thèmes centraux de la théorie critique est précisément la critique du capitalisme, considéré comme un système économique et social générant injustice et inégalité. Selon l'École de Francfort, le capitalisme est un système basé sur la logique du profit, reléguant au second plan la dignité humaine et créant une série de contradictions menant à des crises économiques, sociales et politiques.

Dans ce contexte, la théorie critique propose une série d'outils conceptuels pour comprendre la société moderne et promouvoir le changement. Parmi ces outils, on trouve la dialectique, la critique idéologique et la remise en question des fondements de l'époque moderne. La dialectique, en particulier, est un outil essentiel pour la théorie critique, car elle permet d'analyser les contradictions du système et d'identifier les possibilités de changement.

De plus, la théorie critique vise à dépasser la dichotomie entre théorie et pratique, entre connaissance et action. Selon l'École de Francfort, la théorie doit toujours être liée à la pratique, car seule l'action peut promouvoir le changement social. En ce sens, la théorie critique se présente comme une philosophie de l'émancipation, visant à libérer l'homme de la domination du système capitaliste.

Enfin, la théorie critique confronte la philosophie de l'histoire, en particulier l'idée que l'histoire a un sens et une direction. Selon l'École de Francfort, l'idée d'un progrès linéaire et continu de l'histoire est une conception idéologique et irréaliste. Dans cette perspective, la théorie critique vise à identifier les possibilités de changement et d'émancipation dans le présent, plutôt que dans une vision linéaire de l'avenir.

L'École de Francfort a également développé une analyse critique de l'influence de la psychanalyse sur la politique et la société en général. En particulier, la psychanalyse a contribué à mettre en évidence le rôle de l'inconscient dans la vie humaine et a souligné l'importance de la sexualité. Cependant, les théoriciens de l'École de Francfort ont critiqué l'utilisation de la psychanalyse comme moyen de justifier l'ordre social existant.

Adorno a critiqué la psychanalyse pour avoir transformé la sexualité en une idée universelle, comme si une "vérité" sur la sexualité pouvait être trouvée qui s'appliquerait à tous les individus. En réalité, Adorno a soutenu que la sexualité est un phénomène social et culturel construit par les forces sociales et historiques, et ne peut donc être réduite à une seule "vérité".

Marcuse, quant à lui, a soutenu que la psychanalyse peut être utilisée pour comprendre comment l'individu est soumis et opprimé par les forces sociales et culturelles dominantes. Cependant, il a également critiqué la psychanalyse pour ne pas avoir une vision suffisamment critique du monde social et pour ne pas être capable d'offrir une réponse politique adéquate aux problèmes sociaux.

En général, l'École de Francfort a souligné l'importance d'une critique radicale des forces sociales et culturelles dominantes pour la création d'une société plus juste et libre. La psychanalyse a été considérée comme un outil utile pour comprendre comment ces forces fonctionnent, mais seulement si elle est utilisée de manière critique et en combinaison avec d'autres théories sociales et politiques.

L'École de Francfort a eu une forte influence sur le tournant normatif qui a eu lieu dans la pensée politique occidentale après la Seconde Guerre mondiale. En particulier, les membres de l'école ont développé une critique de la rationalité instrumentale et de la technologie, qu'ils considéraient comme sapant la liberté individuelle et la capacité d'autodétermination. Ils ont également souligné l'importance d'une réflexion critique sur les institutions sociales et politiques existantes et sur les relations de pouvoir qui les imprègnent.

L'école a également contribué au tournant normatif dans le domaine juridique et à la naissance du soi-disant "droit alternatif", c'est-à-dire une forme de droit qui cherche à dépasser les limites du droit juridique traditionnel et à promouvoir la justice sociale. Dans ce sens, l'école a influencé la naissance du mouvement des droits civiques aux États-Unis et la lutte contre l'apartheid en Afrique du Sud.

L'École de Francfort a développé une critique approfondie de la culture de masse et des médias, arguant qu'ils jouaient un rôle crucial dans le maintien de la société de masse et dans la promotion de l'aliénation individuelle. Ils ont donc souligné l'importance de la culture comme forme de résistance et d'émancipation individuelle et collective.

Enfin, l'école a eu un impact significatif sur la théorie de la reconnaissance et sur la théorie de la justice sociale, affirmant que la lutte pour la reconnaissance de groupes sociaux marginalisés et discriminés (tels que les femmes, les groupes LGBT, les minorités ethniques et culturelles) était une forme essentielle de lutte pour la justice sociale et pour l'émancipation individuelle et collective.

La pensée démocratique après le XX siècle s'est développée dans différentes directions, mais l'un des concepts centraux qui a pris de l'importance est celui de la démocratie délibérative. Cette théorie met l'accent sur la nécessité de créer des espaces publics où les citoyens peuvent discuter et délibérer de manière raisonnée sur les problèmes politiques et sociaux.

Les origines de l'idée de démocratie délibérative remontent aux travaux de penseurs tels que **Jürgen Habermas** et **John Rawls**. Habermas a développé le concept de "sphère publique" comme un espace où les citoyens peuvent exprimer leurs opinions et participer à la formation de la volonté politique. Selon Habermas, la sphère publique doit être caractérisée par la liberté d'expression, un accès équitable aux moyens de communication et la possibilité de parvenir à un accord par la raison et l'argumentation.

John Rawls, quant à lui, a proposé le concept de "raison publique" comme un critère pour évaluer les décisions politiques. Selon Rawls, les décisions politiques sont légitimes seulement si elles sont prises sur la base de raisonnements rationnels et de considérations de justice, qui peuvent être acceptées même par ceux qui ne sont pas d'accord avec les résultats spécifiques de la décision. La démocratie délibérative a ensuite été développée et appliquée dans différents contextes, par exemple à travers la création de forums de discussion publique ou de processus participatifs impliquant les citoyens dans la définition des politiques publiques. La théorie de la démocratie délibérative a ainsi cherché à dépasser l'idée que la démocratie se limite au simple droit de vote, soulignant l'importance de la participation des citoyens à la formation de la volonté politique et à la définition des politiques publiques. Les principes fondamentaux de la démocratie délibérative comprennent la participation active des citoyens, un dialogue ouvert et inclusif, l'attention à la raison et à la justice, et la recherche du consensus. De plus, la démocratie délibérative repose sur l'idée que les citoyens doivent être considérés comme des acteurs actifs et co-créateurs de la politique, et non simplement comme de simples spectateurs ou électeurs passifs.

Parmi les principes de la démocratie délibérative, on trouve :

·   Inclusion et participation : Tous les citoyens devraient avoir la possibilité de participer aux processus décisionnels et d'avoir accès aux informations pertinentes. De plus, il est important de promouvoir la participation active de groupes qui peuvent être désavantagés ou marginalisés.

·   Dialogue ouvert : Il faut garantir un espace public ouvert où les citoyens peuvent exprimer leurs opinions et discuter de manière constructive. Cela implique une écoute active et le respect des opinions des autres, ainsi que la volonté d'examiner de manière critique ses propres opinions.

·   Raison et justice : Les processus décisionnels doivent être basés sur la raison et sur des considérations de justice, plutôt que sur des préjugés ou des intérêts particuliers. Cela implique l'utilisation d'arguments rationnels et de faits vérifiables, ainsi que l'attention aux droits et aux besoins de tous les membres de la société.

·   Consensus et compromis : On cherche à atteindre un accord qui respecte les différents points de vue exprimés et qui soit acceptable pour la majorité des participants. Cela implique la volonté de trouver des solutions qui ne soient pas seulement avantageuses pour un groupe ou un individu, mais qui soient bénéfiques pour l'ensemble de la société.

Les premières formulations de démocratie délibérative peuvent être attribuées à l'œuvre du philosophe allemand Jürgen Habermas, qui dans son livre de 1962 intitulé "Histoire et critique de l'opinion publique" a proposé le concept de "sphère publique" comme un espace où les citoyens peuvent discuter librement de questions politiques et sociales. Selon Habermas, la sphère publique doit être caractérisée par la liberté d'expression, un accès équitable aux moyens de communication et la possibilité de parvenir à un accord par la raison et l'argumentation.

Par la suite, d'autres auteurs ont contribué à développer et affiner le concept de démocratie délibérative, tels que la politologue américaine **Jane Mansbridge** et le philosophe australien **John Dryzek**. Mansbridge a souligné l'importance de la représentation inclusive dans la démocratie délibérative, tandis que Dryzek a proposé le concept de "démocratie écologique", qui se concentre sur la nécessité d'impliquer les citoyens dans la définition de politiques environnementales durables.

Jon Elster et Joshua Cohen sont deux penseurs importants qui ont contribué au développement de la théorie de la démocratie délibérative à travers leurs écrits.

Jon Elster, professeur de sciences sociales à l'Université de Columbia, a publié en 1989 le livre "The Cement of Society: A Study of Social Order", dans lequel il a discuté de la théorie du consensus démocratique et a proposé le concept de "délibération stratégique". Selon Elster, la délibération stratégique est un processus où les citoyens cherchent à parvenir à un accord en choisissant rationnellement les moyens et les objectifs. La délibération stratégique suppose donc que les citoyens soient capables d'évaluer rationnellement leurs intérêts et d'échanger des arguments de manière raisonnable.

Joshua Cohen, professeur de philosophie politique à l'Université de Berkeley, a écrit plusieurs livres sur le sujet, dont "Democracy and Liberty" en 1998 et "Deliberation and Democratic Legitimacy" en 2009. Dans son travail, Cohen a souligné l'importance de la participation active des citoyens dans la démocratie délibérative et a proposé le concept de "théorie de l'argumentation". Selon Cohen, la théorie de l'argumentation suppose que les citoyens soient prêts à s'engager dans un dialogue ouvert et inclusif et à évaluer de manière critique leurs opinions.

James Fishkin, professeur de sciences politiques à l'Université de Stanford, a développé la théorie de la "démocratie délibérative empirique", qui représente une nouvelle façon de concevoir la démocratie délibérative. Fishkin a introduit l'idée des "forums délibératifs" comme des espaces publics où les citoyens peuvent discuter de questions politiques de manière raisonnée et informée. Les forums délibératifs de Fishkin sont organisés de manière à impliquer un échantillon représentatif de citoyens, qui participent à des discussions dirigées par des experts sur des questions d'intérêt public. La principale innovation de la démocratie délibérative empirique de Fishkin est son attention à la vérification empirique des effets de la délibération sur les participants. Fishkin a mené de nombreuses expériences sur les forums délibératifs dans différents pays, évaluant l'effet de la délibération sur les participants en termes de changements d'opinion, d'une meilleure connaissance des questions discutées et d'un engagement civique accru.

L'approche de Fishkin représente donc un tournant empirique dans la conception de la démocratie délibérative, car elle propose de vérifier empiriquement les effets de la délibération sur les participants et d'utiliser les résultats des évaluations pour améliorer les processus décisionnels et augmenter l'efficacité des politiques publiques.

John Rawls est l'un des philosophes politiques les plus importants du XXe siècle, et sa théorie de la justice est l'une des œuvres fondamentales de la philosophie politique contemporaine. La théorie de la justice de Rawls a été présentée pour la première fois dans le livre "A Theory of Justice" en 1971. Rawls soutient que la justice doit être le critère fondamental pour évaluer les institutions politiques et sociales d'une société. Selon Rawls, la justice implique que les opportunités et les ressources d'une société soient distribuées équitablement et que les droits et libertés fondamentaux soient garantis pour tous les membres de la société.

Rawls propose le concept de "voile d'ignorance" comme moyen de définir une théorie de la justice impartiale. Le voile d'ignorance implique que les citoyens doivent imaginer qu'ils ne savent pas quelle position ils occupent dans la société, ni quelles sont leurs caractéristiques personnelles. Cela signifie que les citoyens doivent penser à la justice de manière impartiale et non influencée par leurs circonstances personnelles.

Rawls propose également le concept de "principe de différence" comme critère pour évaluer la justice économique. Le principe de différence implique que les inégalités économiques ne sont justifiées que si elles contribuent à améliorer la position des moins fortunés dans la société.

John Rawls est considéré comme l'un des principaux représentants du libéralisme politique contemporain. Dans son livre "A Theory of Justice" de 1971 et dans ses œuvres ultérieures, Rawls a développé une théorie de la justice basée sur les principes du libéralisme politique. Le libéralisme politique de Rawls repose sur la défense des droits individuels et de la liberté comme valeurs fondamentales d'une société juste. Selon Rawls, le libéralisme politique implique que les droits individuels doivent être protégés et que les lois et politiques publiques doivent respecter la liberté des citoyens.

Rawls a également proposé le concept d'"État constitutionnel démocratique" comme forme idéale de gouvernement. Selon Rawls, l'État constitutionnel démocratique est un système de gouvernement où les droits et les libertés fondamentales sont garantis par la constitution, et où le pouvoir politique est réparti de manière équilibrée entre les différents pouvoirs de l'État.

Rawls a également souligné l'importance de la représentation politique et de la participation des citoyens à la formation de la volonté politique. Sa théorie de la justice implique en effet que les politiques publiques doivent résulter d'un processus démocratique de délibération et de confrontation entre les différents points de vue.

Jürgen Habermas est l'un des principaux philosophes et théoriciens sociaux contemporains, surtout connu pour sa théorie de la communication et sa conception de la démocratie délibérative.

L'un des concepts clés de la philosophie d'Habermas est celui de "factualité et validité", qui se réfère à la distinction entre les faits empiriques et les normes qui régissent notre vie sociale et politique. Habermas soutient que notre compréhension de la réalité sociale dépend de la capacité à combiner et intégrer ces deux dimensions.

Selon Habermas, le monde social est composé à la fois de faits empiriques, tels que les événements et les actions humaines, et de normes et valeurs, telles que les lois, les normes éthiques et les croyances culturelles. La validité des normes et des valeurs dépend

149

de leur acceptation par les membres de la société, tandis que leur application pratique dépend des circonstances empiriques et des situations concrètes.

Habermas a également développé sa théorie du "double visage du droit", qui se réfère à la distinction entre le pouvoir coercitif du droit et sa fonction normative et régulatrice. Selon Habermas, le droit a un double visage, car d'une part, il exerce un pouvoir coercitif sur les personnes et les institutions, et d'autre part, il promeut la justice et la liberté.

Selon Jürgen Habermas, la souveraineté populaire n'est pas seulement une question de droit, mais aussi de procédure. Habermas soutient que la souveraineté populaire est une procédure par laquelle les citoyens participent activement à la formation de la volonté politique et au processus décisionnel.

La procédure de souveraineté populaire nécessite la participation active des citoyens à la sphère publique et à la formation de leur opinion politique. Dans ce contexte, la sphère publique doit être caractérisée par la liberté d'expression, le pluralisme et la diversité des opinions.

Selon Habermas, la procédure de souveraineté populaire nécessite également la participation des citoyens à la formation de la volonté politique à travers des processus démocratiques de délibération et de confrontation entre les différents points de vue. Habermas soutient que la démocratie ne doit pas se limiter au choix des représentants politiques, mais doit également garantir une participation directe des citoyens à la formation de la volonté politique.

Michel Foucault, philosophe français du XXe siècle, a critiqué le concept de sujet dans la théorie politique et sociale. Foucault soutient que le sujet n'est pas une entité fixe et stable, mais est plutôt le résultat d'un ensemble de relations de pouvoir et de discours.

Selon Foucault, le sujet n'est pas une réalité naturelle ou transcendantale, mais est une construction sociale et historique. Les identités, les pratiques sociales et les relations de pouvoir sont constamment reformulées et réinterprétées, et le sujet est le produit de ces dynamiques sociales et historiques.

Foucault a également soutenu que notre compréhension du monde dépend de la discursivité, c'est-à-dire de la manière dont les idées et les récits sont construits et négociés au sein de la société. Le discours peut être utilisé pour légitimer les pratiques de pouvoir, mais il peut aussi être utilisé comme outil de résistance et d'émancipation.

La critique de Foucault du concept de sujet a d'importantes implications pour la théorie politique et sociale. Au lieu de se concentrer sur la nature humaine ou sur les propriétés intrinsèques des individus, Foucault nous invite à considérer le sujet comme un produit des relations sociales et du discours. Cela implique que les pratiques politiques et sociales ne sont pas déterminées par la nature humaine ou par les lois naturelles, mais sont plutôt le résultat d'une série de processus sociaux, historiques et culturels.

La généalogie est une méthodologie d'analyse introduite par Michel Foucault dans son œuvre "La volonté de savoir", publiée en 1976. La généalogie se distingue de l'histoire traditionnelle car elle ne cherche pas à reconstituer de manière linéaire et continue les événements du passé, mais se focalise plutôt sur la cartographie des relations de pouvoir et des pratiques de contrôle social.

Selon Foucault, la généalogie est une analyse critique des relations de pouvoir qui permet de démonter les structures de domination et de révéler les formes cachées de résistance et d'émancipation. La généalogie vise à montrer comment les pratiques sociales, culturelles et politiques se sont développées dans le temps à travers les relations de pouvoir et les dynamiques de contrôle social.

La généalogie se concentre sur la cartographie des pratiques sociales et des relations de pouvoir, afin de mettre en évidence les mécanismes de domination et de contrôle qui influencent la vie quotidienne. Cette méthodologie implique une critique des idéologies et des narrations dominantes, et cherche à mettre en lumière les formes cachées de résistance et d'émancipation.

L'objectif de la généalogie de Foucault est de révéler les structures de pouvoir qui régulent la vie sociale et d'ouvrir des espaces de libération et d'émancipation. La généalogie représente donc une

151

forme d'analyse critique qui se concentre sur la cartographie des relations de pouvoir et sur les formes de résistance et d'émancipation qui émergent au sein de ces relations.

La biopolitique est l'un des concepts clés de la philosophie de Michel Foucault. Pour la décrire brièvement, elle se réfère à la gestion du corps et de la vie des individus par le pouvoir politique et les institutions sociales.

Selon Foucault, la biopolitique représente une forme de pouvoir axée sur la gestion de la vie et du corps des individus, plutôt que sur la coercition physique. Elle concerne les pratiques sociales et les institutions qui cherchent à gérer la vie des individus, telles que la médecine, la psychiatrie, la science et la technologie.

Foucault a décrit la biopolitique comme une forme de contrôle social axée sur la gestion de la vie et de la mort des individus, à travers des techniques de contrôle biologique et d'organisation sociale. Elle se concentre sur les normes sociales et les institutions qui cherchent à réguler la naissance, la santé, la maladie, la mort et la reproduction des individus.

Foucault a souligné l'importance du concept de biopolitique dans l'histoire du pouvoir politique moderne, à partir de la révolution industrielle et des politiques de contrôle social adoptées par l'État moderne. En particulier, il a mis en évidence comment la biopolitique a été utilisée par l'État moderne pour gérer la population et la société, à travers l'adoption de politiques de contrôle démographique et d'organisation sociale.

Pendant la pandémie mondiale de COVID-19, de nombreuses théories de Michel Foucault sur la biopolitique, ainsi que certaines idées exprimées dans les romans d'Orwell et de Huxley, se sont avérées très pertinentes pour comprendre la gestion de la crise sanitaire par les gouvernements et les institutions sociales. En particulier, la pandémie a montré comment la biopolitique est devenue une réalité concrète, à travers les politiques de contrôle social et de gestion de la vie des individus adoptées par de nombreux gouvernements.

Au cours de la pandémie, de nombreux gouvernements ont adopté des politiques de confinement, de fermeture des activités économiques et de limitation de la liberté de mouvement des citoyens, dans le but de contenir la propagation du virus. Ces politiques ont été adoptées sur la base des connaissances scientifiques et médicales disponibles sur la propagation du virus, mais ont également impliqué un contrôle sur la vie des individus et leurs habitudes sociales.

La pandémie a mis en évidence le rôle de la médecine et de la technologie dans la gestion de la vie des individus. De nombreuses institutions sanitaires et technologiques ont développé des outils de surveillance et de traçage des personnes, tels que les applications de traçage des contacts et les tests diagnostiques, qui ont entraîné une collecte massive de données personnelles et une gestion centralisée des informations sanitaires.

Enfin, la pandémie a mis en lumière la complexité des relations entre les gouvernements, les institutions sociales et les citoyens, et a soulevé d'importantes questions éthiques et politiques sur la gestion de la vie des individus. La pandémie a donc représenté un véritable "test sur le terrain" des théories de Foucault sur la biopolitique et la gestion de la vie et du corps des individus par le pouvoir politique et les institutions sociales.

Michel Foucault est né le 15 octobre 1926 à Poitiers, en France, dans une famille aisée. Son père, Paul Foucault, était un chirurgien éminent qui avait fondé l'Institut de Chirurgie de Poitiers. Sa mère, Anne Malapert, était une fervente catholique issue d'une famille bourgeoise.

Foucault a passé la majeure partie de son enfance à Poitiers, où il a fréquenté le lycée local. Il était un élève brillant et s'est rapidement intéressé à la philosophie et à la littérature. En 1946, Foucault s'est inscrit à l'École Normale Supérieure de Paris, où il a étudié la philosophie et la psychologie.

Malgré son milieu familial aisé, Foucault a été très critique envers la bourgeoisie et les institutions sociales et politiques qu'elle représentaient. Son œuvre a été fortement influencée par son expérience personnelle et ses observations sur les inégalités sociales et les pratiques de contrôle social.

En particulier, Foucault a analysé le rôle du pouvoir et des institutions sociales dans la régulation de la vie des individus, y compris la famille. Il a souligné comment les institutions sociales, telles que la famille et l'école, jouent un rôle important dans la création de normes et de valeurs sociales qui régulent la vie des individus et influencent leur capacité à agir et à penser de manière autonome.

En fin de compte, la famille d'origine de Michel Foucault représente un contexte social et culturel important qui a influencé sa vision critique des institutions sociales et du pouvoir. Son œuvre a mis en évidence le rôle central de ces institutions dans la régulation de la vie des individus et dans la création des normes et des valeurs sociales qui façonnent la société.

Pour Michel Foucault, le pouvoir n'est pas une chose en soi, mais est plutôt un ensemble de relations sociales et de pratiques qui régulent la vie des individus. Foucault distingue deux formes de pouvoir : le pouvoir comme domination et le pouvoir comme gouvernement.

Le pouvoir comme domination se réfère à la forme traditionnelle de pouvoir, basée sur la coercition et la force. Cette forme de pouvoir s'exerce par la violence physique, le contrôle des ressources et la limitation de la liberté des citoyens. Le pouvoir comme domination est concentré entre les mains de quelques individus ou groupes qui exercent leur contrôle sur les masses.

D'un autre côté, le pouvoir comme gouvernement se réfère à la forme moderne de pouvoir, basée sur la gestion et la régulation de la vie des individus. Cette forme de pouvoir s'exerce par l'organisation sociale, la normativité et le contrôle des comportements et des habitudes des citoyens. Le pouvoir comme gouvernement est diffus dans toute la société et implique non seulement les institutions politiques, mais aussi les institutions sociales et culturelles.

Selon Foucault, le pouvoir comme gouvernement repose sur la production de connaissances et la création de dispositifs de contrôle social. Ces dispositifs sont utilisés pour gérer et réguler la vie des individus, à travers la production de normes, de lois et d'institutions sociales. Ainsi, le pouvoir comme gouvernement se concentre sur la régulation des pratiques sociales, culturelles et politiques, et sur la gestion de la vie des individus.

Pour Michel Foucault, la liberté n'est pas une entité abstraite ou une qualité innée de l'individu, mais est plutôt le produit de la relation entre les individus et les institutions sociales. La liberté n'est donc pas une condition naturelle ou une caractéristique intrinsèque de l'être humain, mais est plutôt une réalisation qui dépend du contexte historique, social et culturel dans lequel l'individu vit.

De plus, Foucault soutient que la liberté ne se limite pas à la sphère privée de l'individu, mais s'étend également à la sphère publique de la société. La liberté n'est donc pas seulement une expérience individuelle, mais est aussi une expérience collective qui dépend des relations sociales et des institutions politiques.

Pour Foucault, la critique est un outil essentiel pour l'exercice de la liberté. La critique permet d'analyser et de remettre en question les structures de pouvoir et les pratiques sociales qui limitent la liberté des individus. La critique, donc, n'est pas seulement un acte d'opposition aux institutions dominantes, mais est aussi une opportunité pour révéler les formes cachées de résistance et d'émancipation.

Foucault a souligné l'importance de l'éthique comme pratique de la liberté. L'éthique n'est pas seulement une question individuelle, mais est aussi une question collective qui concerne la création de nouvelles formes de relations sociales et de nouvelles valeurs collectives. L'éthique permet de reformuler les relations sociales et de créer de nouvelles formes de coexistence qui favorisent la liberté et la créativité des individus.

Aujourd'hui, il existe un lien entre la conception de la liberté et la critique de Foucault et la censure appliquée sur les réseaux sociaux pour des idées et opinions non conformes au "politiquement correct" et le respect des diktats de l'UE pour limiter la liberté d'information sur les réseaux sociaux.

Selon Foucault, la liberté n'est pas une chose en soi, mais est un produit des relations sociales et des pratiques qui régulent la vie des individus. Dans ce sens, la censure sur les réseaux sociaux et les diktats de l'UE pour limiter la liberté d'information représentent une limitation de la liberté des individus et de leurs possibilités d'expression.

La critique, en revanche, est un outil essentiel pour l'exercice de la liberté et permet d'analyser et de remettre en question les structures de pouvoir et les pratiques sociales qui limitent la liberté des individus. La critique de la censure sur les réseaux sociaux et des diktats de l'UE peut donc représenter une opportunité pour révéler les formes cachées de résistance et d'émancipation et pour créer de nouvelles formes de relations sociales et de valeurs collectives qui favorisent la liberté et la créativité des individus.

La censure sur les réseaux sociaux et les diktats de l'UE pour limiter la liberté d'information représentent également un défi pour l'éthique, qui concerne la création de nouvelles formes de relations sociales et de nouvelles valeurs collectives. L'éthique peut permettre de reformuler les relations sociales et de créer de nouvelles formes de coexistence qui favorisent la liberté et la créativité des individus, même dans des contextes de censure et de limitation de la liberté d'information, mais nous devrions tous d'abord lutter pour que ne prévalent pas seulement la propagande, la pensée unique et le politiquement correct.

Le postcolonialisme est un champ d'études qui examine les conséquences politiques, sociales et culturelles du colonialisme et du néocolonialisme sur la société contemporaine. Ce domaine est né dans les années 1970 en réponse aux lacunes et aux limitations de l'approche traditionnelle de l'étude des pays postcoloniaux, souvent perçus comme inférieurs ou comme des entités passives à étudier et à gouverner.

Le postcolonialisme a été influencé par les théories de la décolonisation et par la pensée critique d'intellectuels et d'écrivains issus de pays postcoloniaux, cherchant à contester et à transformer le discours occidental dominant sur l'expérience coloniale.

Parmi les premiers ouvrages fondateurs du postcolonialisme, citons "Peau noire, masques blancs" (1952) et "Les Damnés de la Terre" (1961) de Frantz Fanon, qui ont analysé les conséquences psychologiques et politiques du colonialisme sur la mentalité des individus et sur la formation des nations postcoloniales.

Dans les années 1980 et 1990, le postcolonialisme a commencé à émerger comme un champ d'études interdisciplinaire, englobant la littérature, l'histoire, la politique, la philosophie et d'autres disciplines. Des figures telles qu'Edward Said, Gayatri Chakravorty Spivak, Homi Bhabha et Dipesh Chakrabarty ont contribué à développer les théories et les méthodologies du champ.

Le postcolonialisme a également mis l'accent sur l'importance du rôle des femmes et des minorités dans le processus de décolonisation et de reconstruction de la société postcoloniale. De plus, il a remis en question les catégories de race, de genre et de classe, qui ont été utilisées pour justifier l'oppression coloniale et néocoloniale.

L'orientalisme est une forme de connaissance qui a émergé pendant la période coloniale européenne et qui a créé une représentation de l'Orient comme une entité exotique, mystérieuse, inférioriséé et passive. L'orientalisme a été analysé et critiqué par le mouvement postcolonial, qui a remis en question les catégories de race, de genre et de classe utilisées par les orientalistes pour justifier l'oppression coloniale et pour créer une représentation déformée de l'Orient.

Selon le mouvement postcolonial, l'orientalisme est une forme de connaissance qui a permis aux pays colonisateurs de dominer et d'exploiter les pays colonisés, en créant une distorsion de la réalité orientale qui a justifié la supériorité coloniale. De plus, l'orientalisme a permis aux pays occidentaux de construire une image de l'Orient comme "l'Autre", c'est-à-dire comme une culture différente et inférieure à la culture occidentale.

Le mouvement postcolonial a critiqué l'orientalisme comme une forme de connaissance qui limite la compréhension de l'Orient à sa représentation coloniale et qui crée une barrière entre le monde occidental et le monde oriental. De plus, le mouvement postcolonial a souligné l'importance de créer une représentation plus authentique de l'Orient et de promouvoir un dialogue entre les cultures orientales et occidentales.

La domination coloniale et le capitalisme mondial sont étroitement liés et se sont développés conjointement dans l'histoire de l'humanité.

La domination coloniale a été caractérisée par la conquête et la soumission des populations et des territoires par les puissances coloniales européennes, créant une hiérarchie mondiale basée sur la race et le pouvoir. L'expansion coloniale a été motivée par la recherche de matières premières, de marchés et de main-d'œuvre bon marché, permettant aux puissances coloniales d'accumuler des richesses et d'exploiter les peuples colonisés.

Le capitalisme mondial, quant à lui, est un système économique global basé sur la production de biens pour le profit et la compétition entre entreprises. Il a été alimenté par l'exploitation des ressources et de la main-d'œuvre des peuples colonisés, créant une dépendance économique et politique des pays colonisés envers les puissances coloniales.

La domination coloniale et le capitalisme mondial ont également été soutenus par la diffusion des idéologies du progrès, de la rationalité et de l'universalisme, qui ont justifié la supériorité des puissances coloniales et leur mission "civilisatrice" envers les peuples colonisés.

Le mouvement postcolonial a remis en question la légitimité de la domination coloniale et du capitalisme mondial, cherchant à promouvoir la justice sociale, l'émancipation et l'autodétermination des peuples colonisés. Le mouvement a également souligné l'importance de reconnaître et de valoriser la diversité culturelle et de promouvoir un dialogue entre les cultures.

Les cultures de la diaspora et les cultures de la différence sont deux concepts qui se rapportent à la diversité culturelle et à sa gestion au sein des sociétés contemporaines.

Les cultures de la diaspora désignent les cultures portées par des populations migrantes qui se sont développées en dehors de leurs origines géographiques. Ces cultures résultent souvent du mélange de traditions et de langues différentes et peuvent être influencées par des expériences de discrimination et de marginalisation. Les cultures de la diaspora peuvent être perçues comme une forme de résistance et d'adaptation aux conditions de vie dans un nouvel environnement, et peuvent constituer une source de richesse culturelle pour la société d'accueil.

Les cultures de la différence, quant à elles, se rapportent aux cultures qui diffèrent de la culture dominante au sein de la société. Ces cultures peuvent être fondées sur la religion, la langue, la race, l'orientation sexuelle ou d'autres caractéristiques qui s'écartent de la norme sociale. Les cultures de la différence peuvent être sujettes à la discrimination et aux préjugés de la société dominante, mais peuvent également constituer une source d'identité et d'appartenance pour ceux qui les vivent.

Les deux concepts, cultures de la diaspora et cultures de la différence, remettent en question la notion d'une culture homogène et universelle, et soulignent l'importance de reconnaître et de valoriser la diversité culturelle au sein de la société. De plus, ces concepts mettent en avant l'importance de promouvoir la tolérance, la compréhension et le respect entre différentes cultures, afin de favoriser une société plus inclusive et démocratique.

Le concept de négritude a été forgé par l'écrivain martiniquais Aimé Césaire et l'écrivain sénégalais Léopold Sédar Senghor dans les années 1930, en réponse aux expériences de colonisation et de discrimination raciale subies par les Africains et les Afro-descendants. La négritude a été perçue comme une identité culturelle et politique valorisant la culture africaine et son héritage, cherchant à contrer l'oppression coloniale et le racisme. Cependant, la négritude a également été critiquée comme une forme d'essentialisme culturel, limitant la compréhension de la diversité culturelle au sein de la communauté africaine et afro-descendante.

Au cours des dernières décennies, de nombreux intellectuels africains et afro-descendants ont cherché à dépasser le mythe de la négritude pour développer une compréhension plus nuancée et complexe de la diversité culturelle au sein de la communauté africaine et afro-descendante. Cela a conduit à l'émergence de mouvements tels que l'afrocentrisme, cherchant à redécouvrir et valoriser les racines africaines de la culture afro-descendante, et le postcolonialisme, remettant en question les catégories de race, de genre et de classe utilisées pour justifier l'oppression coloniale.

De plus, de nombreux intellectuels africains et afro-descendants ont cherché à promouvoir une compréhension plus ouverte et

159

inclusive de la diversité culturelle au sein de la communauté africaine et afro-descendante, soulignant l'importance de reconnaître et de valoriser les différences entre les cultures et de promouvoir un dialogue entre différentes traditions culturelles.

La dissémination et la catachrèse sont deux concepts relatifs à la relativisation du langage et de la connaissance. La dissémination, concept développé par le philosophe français Jacques Derrida, renvoie à la pluralité des significations qui peuvent être attribuées à un mot ou à un concept. Selon Derrida, chaque mot ou concept est imprégné d'autres significations et d'autres mots qui l'influencent et le conditionnent. Ainsi, la connaissance et le langage ne peuvent être considérés comme des entités stables et fixes, mais plutôt comme étant constamment en mouvement et en évolution.

La catachrèse, quant à elle, se réfère à l'utilisation métaphorique d'un mot pour désigner un concept qui n'a pas de terme spécifique. Par exemple, l'utilisation du mot "pied" pour désigner la base d'une table ou du mot "queue" pour désigner la partie arrière d'un avion.

Ces deux concepts peuvent être appliqués à la relativisation de la pensée occidentale, remettant en question sa prétention à l'universalité et à la supériorité par rapport à d'autres cultures. En particulier, la dissémination peut être perçue comme un moyen de relativiser la pensée occidentale, soulignant la pluralité des significations et des perspectives existant au sein de cette pensée. La catachrèse, quant à elle, peut être perçue comme un moyen de relativiser la pensée occidentale, soulignant la nécessité d'adapter le langage et la connaissance à différentes perspectives et réalités culturelles. En particulier, la dissémination peut être perçue comme une manière de relativiser la pensée occidentale, soulignant la pluralité des significations et des perspectives qui existent au sein de cette pensée elle-même. Cela signifie que la pensée occidentale ne peut être considérée comme un système fermé et complet, mais plutôt comme un réseau de concepts, de théories et d'idées qui s'entrecroisent et s'influencent mutuellement.

La catachrèse, en revanche, peut être envisagée comme une manière de relativiser la pensée occidentale, mettant l'accent sur la nécessité d'adapter le langage et la connaissance à différentes perspectives et réalités culturelles. Cela signifie que la pensée occidentale ne peut prétendre être la seule forme de connaissance valide, mais doit plutôt reconnaître la diversité culturelle et s'y adapter.

Ainsi, la dissémination et la catachrèse peuvent contribuer à une critique de la pensée occidentale, remettant en question sa prétention à l'universalité et à la supériorité. Cela permet de valoriser et de promouvoir la diversité culturelle, ouvrant la pensée à de nouvelles perspectives et à de nouvelles formes de connaissance.

La dissémination est un concept développé par le philosophe français Jacques Derrida, qui se réfère à la pluralité des significations qui peuvent être attribuées à un mot ou à un concept. Selon Derrida, chaque mot ou concept est imprégné d'autres significations et d'autres mots qui l'influencent et le conditionnent. De cette manière, la connaissance et le langage ne peuvent être considérés comme des entités stables et fixes, mais plutôt comme étant constamment en mouvement et en évolution.

La catachrèse, quant à elle, se réfère à l'utilisation métaphorique d'un mot pour désigner un concept qui n'a pas de terme spécifique. Par exemple, l'utilisation du mot "pied" pour désigner la base d'une table ou du mot "queue" pour désigner la partie arrière d'un avion.

Jean-Jacques Rousseau a été l'un des philosophes sociaux les plus importants du XVIIIe siècle, principalement connu pour son œuvre "Le Contrat Social" (1762), dans laquelle il a développé sa théorie du contrat social.

Selon Rousseau, les êtres humains naissent libres, mais la société engendre l'inégalité, la dépendance et l'oppression. Ceci est dû à la transition de l'ère de la "nature" à celle de la "culture", où les êtres humains ont commencé à former des communautés et à construire des structures sociales et politiques.

Le contrat social de Rousseau est une tentative de résoudre ce conflit entre la liberté individuelle et l'ordre social. Rousseau soutient que la seule forme de gouvernement légitime est celle basée sur la volonté générale, qui représente l'intérêt commun de toute la communauté et qui n'est pas influencée par les intérêts privés des individus.

De plus, Rousseau a élaboré une théorie de l'éducation qui met l'accent sur l'importance de l'apprentissage par l'expérience directe et l'observation de la nature, plutôt que de se baser uniquement sur la théorie et la connaissance intellectuelle.

La philosophie sociale de Rousseau a eu un grand impact sur son époque et sur les générations suivantes de philosophes et de penseurs politiques. Sa théorie du contrat social a influencé le développement de la théorie politique moderne, tandis que sa vision de la nature et de la société a inspiré le mouvement romantique du XIXe siècle.

Les auteurs de la philosophie sociale ont critiqué la pensée dominante de leur époque, remettant en question les idées reçues sur la société et les relations sociales.

Par exemple, Karl Marx a critiqué la société capitaliste, affirmant que la propriété privée et la lutte des classes sont la principale source d'aliénation et d'oppression dans la société. Marx a développé sa théorie du matérialisme historique, selon laquelle l'histoire est guidée par les forces économiques et les relations de production.

Max Weber, quant à lui, a critiqué la pensée positiviste de son époque, affirmant que la sociologie doit prendre en compte les significations et les interprétations subjectives que les individus attribuent à leurs actions. Weber a développé sa théorie de la rationalisation, selon laquelle la société moderne est caractérisée par une augmentation de la rationalité et de la bureaucratisation.

Emile Durkheim a critiqué la société industrielle et l'individualisme croissant, affirmant que la société doit avoir un fort sentiment de cohésion sociale pour fonctionner correctement. Durkheim a développé sa théorie de la solidarité sociale, selon laquelle la société est composée d'individus interconnectés et interdépendants.

Jean-Jacques Rousseau a critiqué la société de son époque, affirmant que la société engendre l'inégalité, la dépendance et l'oppression. Rousseau a élaboré sa théorie du contrat social, selon laquelle la seule forme de gouvernement légitime est celle basée sur la volonté générale.

La reconnaissance, le soin et le don sont trois concepts qui ont été utilisés par certains philosophes et penseurs pour dépasser l'idée traditionnelle de justice et développer une nouvelle vision des relations humaines et sociales.

La reconnaissance fait référence au besoin d'être reconnu par les autres comme des individus dignes et autonomes, et non simplement comme des objets ou des outils. Cela implique de dépasser les relations de domination et d'oppression et de promouvoir la solidarité et l'égalité entre les personnes.

Le soin fait référence au besoin de prendre soin des autres, d'apporter soutien et assistance de manière compatissante et empathique. Cela nécessite de dépasser l'individualisme et la compétition et de promouvoir la solidarité et la collaboration entre les personnes.

Le don fait référence au besoin de donner aux autres sans rien attendre en retour, de manière altruiste et généreuse. Cela nécessite de dépasser l'idée d'échange et de profit et de promouvoir la réciprocité et le partage entre les personnes.

Ensemble, la reconnaissance, le soin et le don offrent une vision plus large des relations humaines et sociales, qui va au-delà de l'idée traditionnelle de justice basée sur l'échange et la compensation. Ces concepts soulignent l'importance de la solidarité, de la réciprocité et de l'empathie dans la construction de relations humaines et sociales plus justes et équilibrées.

Ces concepts ont été utilisés par certains philosophes et penseurs pour développer de nouvelles théories éthiques et politiques, telles que la théorie de l'éthique du soin, la théorie de la reconnaissance sociale et la théorie du don. Ces théories offrent une vision alternative des relations humaines et sociales, basée sur la solidarité, l'empathie et la réciprocité, qui peut aider à surmonter les inégalités et les injustices de la société contemporaine.

Le problème des motivations peut être considéré comme un thème central de la théorie des passions, qui se consacre à l'étude des motifs et des émotions qui poussent les individus à agir d'une certaine manière.

Selon la théorie des passions, les motivations et les émotions sont essentielles pour comprendre le comportement humain. Les passions sont perçues comme des forces émotionnelles qui influencent nos pensées et nos actions, nous poussant à poursuivre certains objectifs et à en éviter d'autres.

Dans ce sens, la théorie des passions se consacre à l'étude des dynamiques sous-jacentes aux motivations des individus, soulignant l'importance des émotions dans la détermination du comportement humain.

Cependant, il convient de souligner que le problème des motivations ne se limite pas à la théorie des passions, mais concerne également d'autres disciplines telles que la psychologie, la sociologie et la philosophie morale. Par exemple, la psychologie étudie les motivations humaines à travers l'analyse des processus cognitifs et émotionnels, tandis que la sociologie examine les motivations des individus par rapport aux structures sociales et aux dynamiques de pouvoir.

Aujourd'hui et demain, la philosophie politique concentre son attention sur la question du genre, la déconstruction de la citoyenneté, la domination masculine et la perspective de *l'intersectionnalité*.

La question du genre concerne la discrimination et l'oppression que subissent les femmes et les minorités de genre dans la société en raison des inégalités structurelles et culturelles. La philosophie politique se charge d'analyser les dynamiques de pouvoir sous-jacentes à cette discrimination et de proposer des stratégies et des politiques pour la surmonter.

La déconstruction de la citoyenneté renvoie à la critique de l'idée traditionnelle de citoyenneté, qui repose sur la conception d'un individu autonome et rationnel, sans distinctions de genre, de classe ou de race. La philosophie politique vise à déconstruire cette conception et à proposer de nouvelles formes de citoyenneté inclusive et pluraliste, prenant en compte les différences et les inégalités sociales.

La domination masculine fait référence à la position de pouvoir et de privilège que les hommes occupent dans la société, en raison de leur position dominante dans les systèmes politiques, économiques et culturels. La philosophie politique analyse les causes et les effets de cette domination masculine et propose des stratégies pour la surmonter, à travers des politiques d'égalité des genres et d'autonomisation des femmes et des minorités de genre.

L'intersectionnalité concerne la compréhension de la complexité et de l'interconnexion des identités sociales, telles que le genre, la race, la classe sociale et l'orientation sexuelle. La philosophie politique analyse les dynamiques d'intersection entre ces identités et propose des stratégies pour surmonter les inégalités et les discriminations qui en résultent.

La philosophie politique contemporaine est confrontée à divers défis et menaces mortelles, dont :

· Le risque du populisme et de l'autoritarisme : l'émergence de mouvements politiques populistes et autoritaires constitue une menace pour la démocratie et les droits de l'homme. La philosophie politique analyse les causes de ce phénomène et propose des stratégies pour le contrer.

· La crise des droits de l'homme : l'augmentation des inégalités économiques, sociales et culturelles, associée à l'émergence de nouvelles technologies, menace les droits de l'homme et la liberté individuelle. La philosophie politique analyse les causes de cette crise et propose des politiques et des stratégies pour protéger les droits de l'homme.

· La question environnementale : le changement climatique, la déforestation et la perte de biodiversité menacent l'avenir de la planète et la survie de l'humanité. La philosophie politique analyse les causes de cette crise environnementale et propose des politiques et des stratégies pour y faire face.

· La mondialisation : l'interdépendance croissante entre les pays et les cultures, associée à l'émergence de nouvelles technologies, représente un défi pour la politique et la philosophie. La philosophie politique analyse les dynamiques de la mondialisation et propose des stratégies pour promouvoir une gouvernance mondiale plus juste et équitable.

Mais comment le fait-elle ? De manière critique ou en s'adaptant à la voix dominante pour ne pas être mise à l'écart ?

Les menaces mortelles auxquelles est confrontée la philosophie politique contemporaine résultent de diverses structures politiques, sociales et économiques qui ont engendré ces menaces. Certaines de ces structures comprennent :

· Le système économique capitaliste : l'idée d'une croissance économique illimitée, basée sur l'exploitation des ressources naturelles et sur la production de biens et services pour le profit, représente une menace pour l'environnement et pour la justice sociale.

· La politique néolibérale : la déréglementation économique, la privatisation des services publics et la réduction de l'État-providence représentent une menace pour les droits de l'homme, la justice sociale et la solidarité.

· Le système patriarcal : la structure sociale et culturelle qui donne le pouvoir aux hommes au détriment des femmes et des minorités de genre représente une menace pour la démocratie, les droits de l'homme et la justice sociale.

· Le système politique autoritaire : la concentration du pouvoir entre les mains d'une élite politique, associée à la limitation des libertés civiles et politiques, représente une menace pour la démocratie et les droits de l'homme.

· Le système international des États : l'absence d'une gouvernance mondiale efficace, associée à la concurrence entre les États pour le pouvoir et les ressources, représente une menace pour la paix, la justice et la sécurité internationale.

Il existe différentes façons de classer les types de politique, mais une distinction possible est celle entre la politique en tant que gouvernement et la politique en tant que pratique de participation démocratique.

La politique en tant que gouvernement concerne l'activité des pouvoirs exécutif et législatif, qui gèrent les institutions publiques et élaborent et mettent en œuvre les politiques publiques. Dans ce sens, la politique en tant que gouvernement est étroitement liée aux questions de pouvoir, de décision et de leadership.

La politique en tant que pratique de participation démocratique concerne plutôt l'activité des citoyens et des organisations de la société civile, qui s'efforcent d'influencer et de participer au processus décisionnel. Dans ce sens, la politique en tant que pratique de participation démocratique est étroitement liée aux questions de participation, d'inclusion et de représentation.

Ces deux types de politique sont essentiels au fonctionnement de la démocratie et à la construction d'une société juste et durable. La politique en tant que gouvernement est essentielle pour assurer l'efficacité et l'efficience de l'action publique, tandis que la politique en tant que pratique de participation démocratique est essentielle pour assurer la légitimité et la représentativité des décisions publiques.

Depuis longtemps, la philosophie politique met l'accent sur la question de la protection des générations futures, exposées à des risques mondiaux tels que le changement climatique, la perte de biodiversité, la pauvreté, les guerres et les inégalités sociales et économiques.

Pour protéger les générations futures, la philosophie politique propose différents devoirs et motivations, dont :

1.   Le devoir de justice intergénérationnelle : ce devoir implique que les générations actuelles ont le devoir de protéger le monde pour les générations futures, car ces dernières n'ont pas de voix dans le processus décisionnel et ne peuvent se protéger elles-mêmes.

2.   La motivation de l'auto-transcendance : ce concept se réfère à la capacité des individus à aller au-delà de leurs intérêts

immédiats et à considérer le bien-être des générations futures comme un objectif à atteindre.

3. La motivation du sens de la responsabilité : ce concept se réfère à la prise de conscience que les actions actuelles des générations présentes peuvent avoir un impact négatif sur les générations futures, et à la responsabilité qui en découle d'agir de manière à protéger leur bien-être.

Cependant, il existe plusieurs difficultés qui rendent la protection des générations futures un défi complexe. Parmi les principales difficultés, on trouve :

· La difficulté de prévoir l'avenir : protéger les générations futures nécessite une prévision à long terme, ce qui peut être difficile dans un contexte de changements rapides et imprévisibles.

· La difficulté de construire un consensus : protéger les générations futures nécessite un large consensus social et politique, ce qui peut être difficile à établir dans un contexte d'intérêts divergents et de polarisation politique.

· La difficulté de concilier les intérêts présents et futurs : protéger les générations futures nécessite un équilibre entre les intérêts des générations présentes et ceux des générations futures, ce qui peut être difficile à atteindre dans un contexte de compétition économique et politique.

La protection des générations futures nécessite l'engagement et la coopération de différents acteurs et institutions, parmi lesquels :

Le gouvernement : les institutions gouvernementales sont responsables de l'adoption de politiques et de normes visant à protéger les générations futures. Cela peut inclure des politiques environnementales, de réduction des inégalités, de promotion de l'éducation et de la culture, et de gestion de la dette publique.

· La société civile : les organisations de la société civile, telles que les organisations environnementales, les associations de consommateurs, les organisations des droits de l'homme et les organisations de jeunesse, peuvent promouvoir la protection des générations futures par la sensibilisation, la mobilisation et la participation au processus décisionnel.

·   Les entreprises : elles peuvent contribuer à la protection des générations futures en promouvant des pratiques durables, des technologies innovantes et des stratégies d'investissement à long terme.

·   Les individus : chaque personne a la responsabilité de contribuer à la protection des générations futures à travers ses choix de consommation, d'investissement, de participation à la vie publique et de comportement éthique.

Le multiculturalisme fait référence à la coexistence de différentes cultures au sein d'une société. Ces différentes cultures peuvent être caractérisées par des visions du monde, des valeurs, des traditions, des langues et des coutumes distinctes.

La culture est un ensemble de connaissances, de croyances, de coutumes, de valeurs et de pratiques qui définissent l'identité d'un groupe de personnes. La culture est transmise de génération en génération et peut s'exprimer de différentes manières, telles que la religion, l'art, la littérature, la musique, la mode et la cuisine.

Les différentes cultures peuvent avoir des visions du monde distinctes, c'est-à-dire des façons différentes d'interpréter la réalité, de comprendre la nature humaine, de concevoir le bien et le mal, et de définir leur propre identité. Ces visions du monde peuvent influencer la manière dont les personnes se comportent, interagissent entre elles et avec leur environnement.

Le multiculturalisme reconnaît la diversité culturelle comme une valeur et une opportunité d'enrichir la société. Cependant, le multiculturalisme peut présenter certains défis, tels que la difficulté de gérer les conflits entre différentes cultures, d'assurer la cohésion sociale et de préserver les droits des minorités.

Pour relever ces défis, le multiculturalisme promeut la tolérance, le respect mutuel, l'ouverture au dialogue et la promotion de l'égalité des chances pour tous les citoyens, quelle que soit leur origine culturelle. Ainsi, le multiculturalisme peut contribuer à construire une société plus inclusive, respectueuse des différences et capable de valoriser la diversité comme une ressource pour la croissance et le développement social.

Les politiques de reconnaissance se réfèrent aux politiques publiques visant à garantir la reconnaissance des différentes identités culturelles et sociales au sein d'une société. Les identités peuvent être basées sur la culture, l'ethnie, le genre, l'orientation sexuelle, la religion et d'autres caractéristiques qui définissent l'identité d'un individu ou d'un groupe.

Les politiques de reconnaissance sont importantes car elles reconnaissent la diversité culturelle comme une valeur et une opportunité d'enrichir la société, et parce qu'elles contribuent à garantir l'égalité de traitement et d'opportunités pour tous les citoyens, indépendamment de leur identité.

Les politiques de reconnaissance peuvent prendre différentes formes, telles que :

· Politiques de protection des minorités : ces politiques visent à protéger les droits des minorités culturelles, linguistiques, religieuses ou ethniques, en garantissant leur participation à la vie publique et leur représentation politique.

· Politiques d'inclusion sociale : ces politiques visent à promouvoir l'inclusion sociale des personnes appartenant à des groupes défavorisés ou discriminés, en garantissant l'accès aux ressources et aux services publics, tels que l'éducation, la santé, le logement et l'emploi.

· Politiques de valorisation de la diversité : ces politiques visent à valoriser et promouvoir la diversité culturelle et linguistique, à travers l'enseignement des langues et des cultures minoritaires dans les écoles, la promotion des activités culturelles et artistiques, et la célébration des fêtes et traditions.

Les politiques de reconnaissance présentent certains défis, dont la difficulté de définir et de reconnaître équitablement et de manière inclusive les identités culturelles et sociales, la difficulté d'équilibrer la reconnaissance des différences avec l'universalisme des droits, et la difficulté de gérer les conflits entre différentes identités.

Le multiculturalisme et les études de genre sont deux disciplines qui s'occupent de la compréhension et de l'analyse des diversités culturelles et sociales au sein de la société.

Le multiculturalisme fait référence à la coexistence de différentes cultures au sein d'une même société. Ces différentes cultures peuvent être caractérisées par des visions du monde, des valeurs, des traditions, des langues et des coutumes différentes. Le multiculturalisme promeut la tolérance, le respect mutuel, l'ouverture au dialogue et la promotion de l'égalité des chances pour tous les citoyens, quelle que soit leur origine culturelle.

Les études de genre, quant à elles, traitent de l'analyse des différences de genre et de la construction sociale du genre au sein de la société. Cette discipline reconnaît que le genre n'est pas une catégorie naturelle, mais une construction sociale qui influence la vie des individus, leurs relations et la distribution du pouvoir dans la société.

Les deux disciplines se croisent dans la compréhension des diversités culturelles et sociales et dans la promotion de l'égalité des chances pour tous les citoyens, indépendamment de leur identité culturelle ou de genre. En particulier, le multiculturalisme et les études de genre promeuvent l'inclusion sociale et la promotion de l'égalité des sexes, reconnaissant la diversité comme une valeur et une opportunité d'enrichir la société.

Cependant, le multiculturalisme et les études de genre peuvent présenter certains défis, comme la difficulté de définir et de reconnaître équitablement les identités culturelles et de genre, la difficulté d'équilibrer la reconnaissance des différences avec l'universalisme des droits, et la difficulté de gérer les conflits entre différentes identités. Un exemple en est les récentes controverses concernant les compétitions sportives qui, ces dernières années, ont clairement désavantagé les femmes face aux femmes transgenres, un domaine de concurrence manifestement déloyale.

Le multiculturalisme et les études de genre sont d'importantes disciplines qui promeuvent la tolérance, le respect mutuel et la valorisation des diversités culturelles et de genre. Cependant, une approche sans limites de ces questions peut présenter certains risques et défis, comme nous le voyons jour après jour.

171

Par exemple, une insistance excessive sur la diversité culturelle et de genre peut conduire à une vision trop fragmentée de la société, où les différences sont exacerbées, conduisant à une plus grande polarisation sociale. De plus, la promotion de l'égalité des chances et de la valorisation des différences pourrait être interprétée comme une forme de discrimination positive, créant une compétition entre différents groupes pour l'obtention de privilèges et d'opportunités.

L'absence d'une vision universaliste et partagée des droits de l'homme pourrait conduire à une réduction des droits individuels, où l'appartenance à un groupe culturel ou de genre l'emporte sur le respect des droits fondamentaux de l'homme.

Pour relever ces défis, il est essentiel de promouvoir une vision inclusive et intégrée de la société, qui tient compte des diversités culturelles et de genre, mais qui ne néglige pas l'universalisme des droits de l'homme et l'importance d'une appartenance commune à la société. De plus, il est essentiel de promouvoir le dialogue interculturel et intergénérationnel, favorisant la compréhension mutuelle et la construction d'une identité collective inclusive et pluraliste.

Le multiculturalisme peut également être promu par la protection des droits fondamentaux des minorités culturelles, tels que les droits linguistiques, éducatifs et de participation politique. La protection des droits linguistiques, par exemple, implique la reconnaissance et la promotion des langues minoritaires, afin de garantir l'accès aux services publics et aux opportunités économiques et sociales pour tous les citoyens, quelle que soit leur origine culturelle. La protection des droits éducatifs implique la reconnaissance des écoles et des institutions éducatives des minorités culturelles, afin de garantir l'accès à une éducation de qualité et de promouvoir la connaissance et la valorisation des différentes cultures présentes dans la société. La promotion de la participation politique des minorités culturelles implique la création d'espaces de participation et de représentation politique pour les différentes communautés culturelles, afin de garantir une représentation équitable et inclusive dans la société et dans les institutions politiques.

L'usage populiste de la religion est une question qui concerne la relation entre politique et religion, et qui présente certaines difficultés et risques pour la démocratie et le pluralisme.

Le populisme religieux repose sur l'utilisation de la religion comme outil de mobilisation politique, en utilisant la rhétorique religieuse pour obtenir du consensus et du soutien politique. De cette manière, le populisme religieux peut entraîner une polarisation sociale et une réduction de la liberté d'expression et de pensée, où l'appartenance religieuse prévaut sur la citoyenneté et les droits de l'homme.

De plus, l'usage populiste de la religion peut entraîner une confusion entre les rôles et les fonctions de la politique et de la religion, et une réduction de la laïcité et de la séparation entre l'État et l'Église. Cela peut conduire à une violation de la liberté de religion et de conscience, où le pouvoir politique peut influencer le choix religieux des individus et des communautés.

Pour aborder cette question, il est essentiel de promouvoir une vision laïque et pluraliste de la société, qui respecte la liberté de religion et de conscience, mais qui n'autorise pas l'usage populiste de la religion à des fins politiques. De plus, il est important de promouvoir le dialogue interreligieux et interculturel, qui peut favoriser la compréhension mutuelle et la construction d'une société inclusive et pluraliste, où la religion peut coexister avec la laïcité et le respect des droits de l'homme.

Tout cela sans dévaloriser davantage le sacré dans la vie humaine, qui vit une nouvelle éradication de la tradition comme cela s'est produit dans le monde antique, cette fois pour tout remettre entre les mains d'un positivisme exacerbé et des dérives scientistes. L'élimination des traditions et la réduction de la vie humaine à un simple objet d'étude scientifique peuvent avoir des effets négatifs sur la société et la dignité humaine. Un être humain n'est certainement pas seulement une enveloppe biologique, comme certains exaltés pathologiques ont essayé de le faire croire pendant les années de la pandémie.

La tradition et la culture font partie intégrante de l'identité et de l'histoire d'un peuple et représentent un patrimoine de

173

connaissances, de valeurs et de significations qui peuvent enrichir la vie humaine et contribuer à la construction d'une société inclusive et pluraliste.

Cependant, il est également important de reconnaître la valeur de l'approche scientifique et rationnelle de la connaissance, qui a permis d'importants progrès dans de nombreux domaines, de la médecine à la technologie, et qui constitue un fondement essentiel de notre compréhension du monde.

Le problème, donc, n'est pas de choisir entre tradition et science, mais de trouver un équilibre entre ces deux dimensions, en valorisant à la fois la dimension culturelle et la dimension rationnelle de la vie humaine. En ce sens, il est important de promouvoir une approche interdisciplinaire de la connaissance, qui permet d'intégrer la connaissance scientifique à celle culturelle et sociale, et de développer une compréhension plus complète et approfondie de la vie humaine et de la société.

L'utilisation populiste de la religion est une question qui concerne la relation entre le pouvoir et la politique.

La manipulation consiste à utiliser des techniques de persuasion et de communication pour influencer les opinions et les comportements des individus, dans le but d'obtenir un avantage personnel ou de groupe. La manipulation peut être utilisée tant au niveau individuel que collectif, et peut avoir des effets négatifs sur la démocratie et la liberté de pensée et d'expression.

La théologie politique, quant à elle, se réfère à la réflexion sur la nature et le rôle du pouvoir politique en relation avec les questions religieuses et théologiques. La théologie politique a joué un rôle important dans l'histoire des sociétés humaines, influençant la philosophie politique et la pratique politique à différentes époques et contextes.

Cependant, la théologie politique peut aussi être utilisée pour justifier et légitimer la manipulation et l'utilisation du pouvoir à des fins personnelles ou de groupe, créant une justification morale pour des comportements incorrects et antidémocratiques.

Pour éviter ces risques, il est essentiel de promouvoir la transparence et la participation démocratique dans la gestion du pouvoir politique, en garantissant la liberté de pensée et d'expression et en s'opposant à la manipulation et à l'abus de pouvoir. De plus, il est important de promouvoir une vision pluraliste et inclusive de la société, qui tient compte de la diversité culturelle et religieuse, mais qui ne permet pas l'utilisation du pouvoir et de la religion à des fins politiques ou de manipulation.

Le populisme peut utiliser des éléments religieux pour obtenir du consensus et du soutien politique, créant un lien émotionnel avec les électeurs et exploitant la rhétorique religieuse pour promouvoir une vision du monde polarisée et simplifiée.

L'utilisation d'éléments religieux dans le populisme peut avoir des effets positifs et négatifs sur la démocratie et la société. D'une part, cela peut favoriser la participation politique et la mobilisation sociale, en encourageant l'émancipation des minorités et la promotion de la solidarité et de l'égalité.

D'autre part, l'utilisation d'éléments religieux peut également conduire à une réduction de la laïcité et de la séparation entre l'État et l'Église, et à une réduction de la liberté d'expression et de pensée, où l'appartenance religieuse prévaut sur la citoyenneté et les droits de l'homme.

De plus, l'usage populiste de la religion peut entraîner une confusion entre les rôles et fonctions de la politique et de la religion, fournissant une justification morale à des comportements incorrects et antidémocratiques.

Pour aborder ces problèmes, il est essentiel de promouvoir une vision laïque et pluraliste de la société, qui respecte la liberté de religion et de conscience, mais qui ne permet pas l'utilisation populiste de la religion à des fins politiques. De plus, il est important de promouvoir le dialogue interreligieux et interculturel, qui peut favoriser la compréhension mutuelle et la construction d'une société inclusive et pluraliste, où la religion peut coexister avec la laïcité et le respect des droits de l'homme.

Il est vrai que le phénomène du populisme a pris une dimension mondiale, impliquant à la fois des partis de droite et de gauche dans de nombreux pays.

Le populisme de droite tend à promouvoir une vision nationaliste, identitaire et autoritaire de la politique, exploitant les thèmes de l'immigration, de la sécurité et de la souveraineté nationale pour créer une polarisation sociale et culturelle.

Le populisme de gauche, en revanche, tend à promouvoir une vision socialiste ou anticapitaliste, exploitant le thème de l'inégalité économique et sociale, de la crise environnementale et de la lutte pour les droits des travailleurs pour créer une polarisation économique.

Les deux formes de populisme ont en commun l'utilisation d'une rhétorique simplifiée et polarisée, créant une opposition entre le "peuple" et les "élites", et tendent à exploiter les émotions et les peurs des électeurs pour obtenir du soutien politique.

Le phénomène du populisme peut avoir des effets positifs et négatifs sur la démocratie et la société. D'une part, il peut favoriser la participation politique et la mobilisation sociale, promouvoir la participation citoyenne et la lutte pour les droits de l'homme et la justice sociale.

D'autre part, le populisme peut aussi conduire à une réduction de la qualité de la démocratie, à la polarisation sociale et culturelle, à la réduction de la laïcité et des droits de l'homme, et à l'établissement de régimes autoritaires et antidémocratiques.

Pour aborder le phénomène du populisme, il est essentiel de promouvoir une culture politique basée sur le dialogue, la participation démocratique et le respect des droits de l'homme, et de s'opposer à l'utilisation populiste de la rhétorique simplifiée et polarisée, en promouvant une vision pluraliste et inclusive de la société.

La démocratie moderne est un système politique dans lequel le pouvoir est exercé par le peuple à travers des élections libres et compétitives, et où les droits individuels et la participation active des citoyens à la vie politique sont garantis.

Les adjectifs souvent associés à la démocratie moderne sont :

•   Représentative : la démocratie moderne repose sur la représentation politique, où les citoyens élisent leurs représentants qui agissent en leur nom et pour leur intérêt.

• Pluraliste : la démocratie moderne promeut la diversité et la pluralité des idées et des opinions, garantissant le droit à la liberté d'expression, de pensée et d'association.

• Laïque : la démocratie moderne promeut la laïcité, c'est-à-dire la séparation de l'État et de l'Église, garantissant le droit à la liberté de religion et de conscience.

• Égalitaire : la démocratie moderne promeut l'égalité de tous les citoyens devant la loi, garantissant le respect des droits de l'homme et des libertés fondamentales.

• Participative : la démocratie moderne encourage la participation active des citoyens à la vie politique, à travers des formes de participation directe ou indirecte, comme les élections, les pétitions, les référendums, etc.

• Garante : la démocratie moderne garantit les droits et les libertés des citoyens à travers la Constitution et les lois, protégeant les citoyens contre d'éventuelles violations de leurs droits par le pouvoir politique ou d'autres acteurs.

Ces adjectifs représentent les éléments fondamentaux qui caractérisent la démocratie moderne en tant que système politique, où le pouvoir est exercé de manière légitime et démocratique par le peuple, à travers les institutions et les règles du jeu démocratique.

La démocratie moderne est un système politique complexe qui nécessite un équilibre entre différents facteurs, tels que la représentation politique, la participation active des citoyens, la protection des droits et des libertés individuelles, la promotion de l'égalité et de la pluralité.
Cependant, le système démocratique peut être menacé par le risque populiste, qui se manifeste lorsque les partis politiques

cherchent à obtenir le soutien électoral à travers une rhétorique simplifiée, populiste et polarisée, créant une opposition entre le "peuple" et les "élites", en utilisant également la haine et la peur envers les groupes considérés comme différents ou étrangers.

Le risque populiste peut entraîner une diminution de la qualité de la démocratie, favorisant la polarisation sociale et culturelle, réduisant la laïcité et les droits de l'homme, et encourageant l'émergence de régimes autoritaires et antidémocratiques.

Pour contrer le risque populiste, il est essentiel de promouvoir une culture politique basée sur le dialogue, la participation démocratique et le respect des droits de l'homme, et de soutenir les valeurs de la démocratie moderne, telles que la pluralité, l'égalité, la laïcité et la représentation politique.

De plus, il est essentiel de promouvoir une éducation civique et une information correcte et transparente, qui peut favoriser une compréhension consciente et critique de la réalité politique, en luttant contre la manipulation et la désinformation propagées par le populisme.

Mais sommes-nous vraiment sûrs que la connotation négative désormais associée sans réserve à des termes tels que "populisme" ou "souveraineté" ne conduit pas à des conséquences néfastes pour les peuples et ne favorise pas, d'autre part, l'élite dominante et les pouvoirs supranationaux ? Tout comme lorsque nous avons accepté que la claire valeur du terme résistance soit remplacée par celle, ambiguë, de résilience. Il est indéniable que la connotation négative associée aux termes "populisme" et "souveraineté" peut être utilisée de manière instrumentale pour diaboliser certains mouvements politiques et sociaux, favorisant l'élite dominante et les pouvoirs supranationaux.

Cependant, il est important de distinguer entre une conception positive du populisme, comme mouvement de participation démocratique et de lutte pour les droits des classes subalternes, et une conception négative, comme mouvement de polarisation et de simplification de la réalité politique, basé sur la manipulation et la démagogie.

De même, la souveraineté peut être interprétée positivement, comme expression de la volonté démocratique du peuple, ou négativement, comme prétexte pour limiter les droits et les libertés individuelles, ou comme instrument de pouvoir et de contrôle sur les populations.

Pour cette raison, il est essentiel de développer une compréhension critique et consciente de la réalité politique, en promouvant une culture politique basée sur le dialogue, la participation démocratique et le respect des droits de l'homme, et en s'opposant à la simplification et à la polarisation de la réalité politique, en favorisant une vision pluraliste et inclusive de la société.

De cette manière, on peut éviter que la manipulation et la désinformation ne deviennent des outils de pouvoir, et encourager une participation active et responsable des citoyens à la vie politique, en garantissant la protection des droits et des libertés individuelles, et en promouvant la justice sociale et la protection de l'environnement, de préférence sans être hypnotisés par la propagande sur le *changement climatique*.

CONCLUSIONS

La quête du progrès et, par conséquent, du développement ne devrait pas se faire au détriment de l'humanité et de son bien-être, et ne devrait pas être exclusivement guidée par des intérêts de pouvoir et de profit. Nous sommes appelés à agir avec responsabilité, conscience et solidarité, œuvrant ensemble pour un avenir durable pour tous.

Replacer l'homme au cœur de la problématique est un objectif primordial pour construire un futur durable et équitable. Cela signifie cesser de dénaturer la vie humaine sous tous ses aspects. Cela implique d'élaborer des politiques et des technologies qui améliorent la qualité de vie des individus sans les exclure ou les aliéner, en leur garantissant l'accès à des ressources essentielles telles que l'eau, la nourriture, l'énergie, le logement. Cela passe par une éthique de l'investissement qui exclut toute entité ayant porté préjudice à l'humanité. De plus, cela signifie promouvoir la santé, le bien-être et la spiritualité des individus, en tenant compte des facteurs sociaux et économiques qui influencent leur état de santé, et cela doit être fait sans priver les gens de leurs droits fondamentaux, sans les soumettre à des expérimentations insensées pour un prétendu bien commun indémontrable.

Pour replacer l'homme au cœur de la problématique, il est également nécessaire de ne pas le standardiser, mais aussi de créer une économie qui prend en compte les besoins des personnes et de l'environnement, plutôt que de privilégier le profit à court terme. Cela pourrait impliquer la création de modèles économiques basés sur le partage des ressources et la coopération, plutôt que sur la compétition et la maximisation du profit, sans toutefois limiter la liberté ou enfermer l'humanité dans des prisons technologiques selon des modèles dépravés tels que le système de crédit social chinois. Cela signifie mettre fin à l'ambition tyrannique d'un contrôle extra-corporel et intra-corporel sur l'humanité.

En somme, un avenir qui replace l'homme au cœur de la problématique nécessite une vision holistique et durable de la société et de l'économie, ainsi que de la vie humaine dans un sens transcendantal. Un avenir qui prend en compte les besoins des personnes et leur droit à se perfectionner selon leurs qualités ou talents naturels. Un avenir qui se soucie de l'environnement avec éthique et non à travers une propagande mensongère qui déplace les pouvoirs productifs et la domination économique. Un avenir qui respecte les générations futures, leur liberté et leurs droits. Un avenir de liberté, d'égalité (tout en respectant les différences naturelles) et de fraternité universelle. Ce n'est qu'ainsi que nous pourrons créer un monde meilleur pour tous. Un avenir où aucune technologie ne peut empêcher quiconque de vendre et d'acheter à la capricieuse volonté du pouvoir.

L'héritage imprudent de la tradition des Lumières pose le risque d'une nouvelle représentation matérielle du totalitarisme, qui n'est jamais une coïncidence de l'Histoire, mais une conséquence pneumatique d'un mécanisme défectueux qui aboutit à la folie de l'omnipotence de l'esprit humain, aujourd'hui ostensiblement montrée par le transhumanisme et ses dérivés.

Nous devrions envisager un nouvel Humanisme, comme au 15ème et 16ème siècles. L'humanisme est le terme engendré par l'époque elle-même, les humanistes se définissent comme tels, ils sont conscients. L'humanisme qui fait référence aux "humanae litterae" décrit de manière déterminante une époque. Pour citer Hegel, cette capacité des humanistes à se décrire et à se nommer saisit l'esprit du temps. Le terme Renaissance, né au 19ème siècle, est quant à lui idéologique, contenant une vision du monde, partant du postulat d'être sorti d'une période de crise et de décadence (Moyen Âge), à travers la mort et la vie, pour indiquer une nouvelle ère dorée (Humanisme). Aujourd'hui, malgré nos craintes pour l'avenir, l'instabilité et la pression d'une attaque transversale contre l'humanité et notre connaissance traditionnelle, expérientielle et cognitive, nous devrions, avec fierté et ténacité, lever les yeux avec conscience et sans peur en direction du Léviathan transhumaniste et lui nier toute autorité sur notre vie. Nous devrions agir et choisir en imaginant le monde que nos enfants vivront à l'âge adulte, afin que nos actions, nos pensées, notre manière d'agir, notre créativité, nos œuvres néo-humanistes d'aujourd'hui, demain soient rappelées comme appartenant à une nouvelle Renaissance.

BIBLIOGRAPHIE ET SITOGRAPHIE

- N. Land, Collasso Scritti 1987-1994. Luiss University Press, 2020, p. 175
- S. Latouche, La Megamacchina, Bollati Boringhieri, 1995
- E. Perucchietti, Cyberuomo, Arianna Editrice, 2019
- Benjamin W., Zur Kritik der Gewalt, in Gesammelte Schriften, Frankfurt am Main 1974-1980, vol. II, I (1977).
- Arendt H., The Human Condition, trad. ita. Finzi Sergio, Tascabili Bompiani, Milano, 2008.
- Foucault M., La volonté de savoir, Parigi, 1976, trad. it. La volontà del sapere, Milano, 1984.
- W. Lenarduzzi, Tesi di Laurea in Diritto Costituzionale Italiano e Comparato A.A.2010/11 Università degli Studi di Trieste.
- Agamben G., Homo sacer, Il potere sovrano e la nuda vita, Einaudi, Torino, 2005, pag. 5
- Capograssi G., Analisi dell'esperienza comune, Opere II, Giuffrè, Milano, 1959 pag. 3
- Capograssi G., Il diritto dopo la catastrofe, Opere V, Giuffrè, Milano, 1959
- D. Fortune, la Cabala Mistica. Astrolabio 2020
- B. Henry, A. Loretoni, A. Pini, M. Solinas; Filosofia Politica. Mondadori Università 2020
- M. Foucault; Nascita della biopolitica; Universale Economica Feltrinelli, 2022
- T. Hobbes, Il Leviatano. Rizzoli. 2011
- R. Esposito; Bios, biopolitica e filosofia, Torino, Einaudi, 2004.
- M. Desmet. Psicologia del totalitarismo pp24-25. Edizioni La Linea, 2022
- H. Rosa Accelerazone e alienzazione. Piccola Biblioteca Eiunaudi. 2015
- D. Rossi; La Fabian Society e la pandemia. Arianna Editrice. 2021
- A. Huxley, Il mondo nuovo-Ritorno al mondo nuovo. Mondadori, 2021
- G.Orwell, 1984; Intra S.r.l.s.; Annotated edizione, 2021
- T. cancelli. How to Accelerate. Introduzione. Ediziono Tlon. 2019

- Williams, N. Srnicek; Manifesto Accelerazionista. Gius. Laterza & Figli. 2018
- P. Sloterdijk, Dopo Dio, Raffaello Cortina, Milano 2018, p.194
- R. Braidotti; Il postumano. Vol II, DeriveApprodi 2022; p.78
- Arendt, The origins of Tolatirism, p.500

- https://www.ilpost.it/2021/11/12/woke-significato/
- https://www.ilpost.it/2021/05/12/cancel-culture/
- https://www.amazon.it/Zonderwater-1941-1947-prigionieri-Sudafrica-sopravvissero/dp/8820048841/
- https://www.academia.edu/40492729/Giuseppe_Capograssi_Il_diritto_dopo_la_catastrofe_1950_
- https://unipd-centrodirittiumani.it/it/strumenti_internazionali/Convenzione-per-la-prevenzione-e-la-repressione-del-crimine-di-genocidio-1948/175
- https://www.ohchr.org/sites/default/files/UDHR/Documents/UDHR_Translations/itn.pdf
- https://www.youtube.com/watch?v=3v1PY5eQDbw&ab_channel=J.Krishnamurti-OfficialChannel

NOTES

[1] N. Land, Collasso Scritti 1987-1994. Luiss University Press, 2020, p. 175

[2] S. Latouche, La Megamacchina, Bollati Boringhieri, 1995

[3] E. Perucchietti, Cyberuomo, Arianna Editrice, 2019

[4] Benjamin W., Zur Kritik der Gewalt, in Gesammelte Schriften, Frankfurt am Main 1974-1980, vol. II, I (1977).

[5] Arendt H., The Human Condition, trad. ita. Finzi Sergio, Tascabili Bompiani, Milano, 2008.

[6] Foucault M., La volonté de savoir, Parigi, 1976, trad. it. La volontà del sapere, Milano, 1984.

[7] W. Lenarduzzi, Tesi di Laurea in Diritto Costituzionale Italiano e Comparato A.A.2010/11 Università degli Studi di Trieste.

[8] Agamben G., Homo sacer, Il potere sovrano e la nuda vita, Einaudi, Torino, 2005, pag. 5

[9] Capograssi G., Analisi dell'esperienza comune, Opere II, Giuffrè, Milano, 1959 pag. 3

[10] https://www.academia.edu/40492729/ Giuseppe_Capograssi_Il_diritto_dopo_la_catastrofe_1950_

[11] Capograssi G., Il diritto dopo la catastrofe, Opere V, Giuffrè, Milano, 1959

[12] D. Fortune, la Cabala Mistica. Astrolabio 2020

[13] Selon le sénateur Ron Johnson, 5 millions de migrants irréguliers sont arrivés aux États-Unis depuis l'investiture de Biden, un chiffre qui n'inclut pas ceux qui se sont échappés et ceux qui ont été interceptés peu après.

[14] N. Galloni, Recteur de l'École Universitaire Télématique "Adam Smith" de Genève, depuis 2023.

[15] H. Rosa Accelerazone e alienzazione. Piccola Biblioteca Eiunaudi. 2015

[16] R.Esposito; Bios, biopolitica e filosofia, Torino, Einaudi, 2004.

[17] https://unipd-centrodirittiumani.it/it/strumenti_internazionali/Convenzione-per-la-prevenzione-e-la-repressione-del-crimine-di-genocidio-1948/175

[18] https://www.ohchr.org/sites/default/files/UDHR/Documents/UDHR_Translations/itn.pdf

[19] M. Desmet. Psicologia del totalitarismo pp24-25. Edizioni La Linea, 2022

[20] D. Rossi; La Fabian Society e la pandemia. Arianna Editrice. 2021

[21] T. cancelli. How to Accelerate. Introduzione. Ediziono Tlon. 2019

[22] A. Williams, N. Srnicek; Manifesto Accelerazionista. Gius. Laterza & Figli. 2018

[23] P. Sloterdijk, Dopo Dio, Raffaello Cortina, Milano 2018, p.194

[24] R. Braidotti; Il postumano. Vol II, DeriveApprodi 2022; p.78

[25] Arendt, The origins of Tolatirism, p.500

[26] https://www.ilpost.it/2021/11/12/woke-significato/
https://www.ilpost.it/2021/05/12/cancel-culture/

[27] https://www.amazon.it/Zonderwater-1941-1947-prigionieri-Sudafrica-sopravvissero/dp/8820048841/

[28] What is freedom? J.Krishnamurti https://www.youtube.com/watch?v=3v1PY5eQDbw&ab_channel=J.Krishnamurti-OfficialChannel

[29] B. Henry, A. Loretoni, A. Pini, M. Solinas; Filosofia Politica. Mondadori Università 2020

[30] T. Hobbes, Il Leviatano. Rizzoli. 2011

[31] M. Foucault; Nascita della biopolitica; Universale Economica Feltrinelli, 2022

[32] G.Orwell, 1984; Intra S.r.l.s.; Annotated edizione, 2021

[33] A. Huxley, Il mondo nuovo-Ritorno al mondo nuovo. Mondadori, 2021

L'AUTEUR

Emanuele Cerquiglini est actuellement professeur associé à l'École UniCampus HETG de Genève. Diplômé en Communication et Multimédia en Italie, il a poursuivi ses études en Sciences Philosophiques en Suisse jusqu'à l'obtention de son Ph.D en Philosophie et Éthique Politique.

Responsable des Facultés de Philosophie et de Sciences Holistiques à l'UniCampus HETG, il supervise également un Master en PNL.

Expert en ésotérisme et occultisme, il est membre de l'ESSWE (The European Society for the Study of Western Esotericism). Il a récemment écrit le roman : "Door to Door : le début de l'ère pandémique et la fin de l'ancien monde" et l'essai : "L'acte magique : Fellini, Lynch et Jodorowsky". Dans le passé, il a travaillé dans le domaine cinématographique et théâtral et a été récompensé lors de la XIVe édition du Prix International Carthage dans les sections : Cinéma et Spectacle & Art et Culture.

www.cerman.info

studioloalchemico.com

Printed in France by Amazon
Brétigny-sur-Orge, FR

16080865R00107